BIBLIOGRAPHIE

GÉOGRAPHIQUE ET HISTORIQUE

DU BOULONNAIS

PAR

E. DRAMARD

Membre de la Société académique de Boulogne-sur-Mer

───────⊰⊙⊱───────

PARIS

DUMOULIN | A. AUBRY
Quai des Augustins, 13 | Rue Dauphine, 16

1868

BIBLIOGRAPHIE DU BOULONNAIS

INTRODUCTION

—

La Picardie, et sous cette dénomination il faut comprendre le Boulonnais et les pays qui s'y rattachent, est, des provinces de l'ancienne France, une de celles qui fournissent la plus grande abondance de documents imprimés et manuscrits. Avant de présenter le catalogue détaillé de ceux qui peuvent se prêter à une classification méthodique, en ce qui concerne le Boulonnais et ses annexes, dont seulement il doit être question dans ce volume, il m'a paru indispensable de passer en revue l'ensemble des travaux assez nombreux dont l'histoire de ce pays a été l'objet; il m'a semblé surtout utile d'examiner l'organisation des différents dépôts publics et privés, de faire une reconnaissance sommaire des mille collections auxquelles doit s'adresser, afin de réunir les matériaux qu'il aura plus tard à mettre en œuvre, quiconque se propose de traiter un point de cette histoire. Cette étude est à la fois le préliminaire et le complément de ma *Bibliographie*, parce qu'elle fera mieux comprendre la nature des indications que celle-ci renferme, et qu'elle donnera le moyen de compléter tous les renseignements qui n'auraient pu que très-difficilement rentrer dans le cadre que j'ai dû lui assigner.

§ Ier

HISTORIENS DU BOULONNAIS. — TRAVAUX ET RECUEILS HISTORIQUES
CONCERNANT LA PROVINCE

Il n'appartient pas à mon sujet de présenter un tableau de la littérature historique appliquée au Boulonnais, encore moins d'énumérer tous les écrivains dont les ouvrages peuvent intéresser à un point de vue quelconque cette province, ou qui ne s'y appliquent que partiellement. Je laisserai donc de côté, quant à présent, les écrits concernant soit la Morinie tout entière, soit toute la Picardie, sans même citer les anciennes chroniques, comme celles de Lambert d'Ardres, de Guillaume d'Andres, les Annales de Saint-Bertin, documents originaux, d'ailleurs du plus vif intérêt, qui seront, dans le cours de l'ouvrage, l'objet de mentions spéciales. Les détails consignés ici n'ayant d'autre but que d'offrir un aperçu général de la marche et des progrès suivis par l'étude de notre histoire, il me suffira de rappeler les noms de quelques-uns de nos historiographes.

Il convient de citer, dans l'ordre chronologique, pour le Boulonnais : le jurisconsulte REGNARD, auteur d'un

Commentaire sur la coutume et de *Recherches historiques*, souvent citées par les modernes, sous le nom de
Manuscrit de 1658; — Jean Scotté, lieutenant particulier en la sénéchaussée, à qui l'on doit un *Commentaire*
inédit sur la coutume, des *Recherches sur les sénéchaux,
gouverneurs et commandants pour le Roi dans le Boulenois*, un *Factum des priviléges*, et qui nous a conservé
le détail du *Siége de Boulogne*, en 1544, écrit en rimes
par le poëte Antoine Morin, chroniqueur utile, dont
M. Fr. Morand vient d'achever la publication, avec des
notes historiques, grammaticales, etc. — Son fils, Antoine Scotté de Velinghem, personat de Bezinghem et
d'Embry, auteur de la *Description*, en un curieux volume
in-folio, *de la ville de Boullogne et du pays et comté de
Boulognois;* — le bénédictin de l'abbaye de Samer, dom
Ducrocq, originaire de Desvres, qui a laissé des *Recherches
sur le pays des anciens Morins;* — le père Michel Lequien,
dominicain, né à Boulogne, auteur de l'*Abrégé de l'histoire de Boulogne et de ses comtes*, imprimé dans le Grand
Coutumier de Picardie, mais qui avait entrepris de bien
plus vastes recherches sur la Picardie et réuni des matériaux précieux; — le prêtre Luto (1), curé de Boucres,
puis de Saint-Inglevert (1701-1746), collaborateur de
Lequien, et dont nous avons une *Histoire de Boulogne*,
manuscrite, que de bons juges prétendent être l'œuvre
de Lequien lui-même (2); — l'huissier de l'Amirauté
Dubuisson ou Buisson (3), auteur des *Antiquités du Boulonnois*, ou *Mémoires pour servir à l'histoire de la ville*

(1) *V.* sur Luto et Lequien, *Année hist.*, p. 293 et suiv.
(2) M. Morand semble avoir mis cette solution hors de toute discussion.
(3) *V.* sur Dubuisson, *Année hist.*, p. 266 et suiv.

et du comté de Boulogne, in-folio, manuscrit. Esprit investigateur et curieux, Dubuisson, avec des moyens de travail fort limités, était cependant parvenu à réunir des notes très-nombreuses et à préparer d'autres ouvrages utiles, depuis longtemps perdus en partie. — François-Louis DUQUESNE DE CLOCHEVILLE, né en 1721, mort en 1765, après avoir réuni d'immenses matériaux pour l'histoire de son pays, que nul, au jugement de l'historien de Calais, Lefèvre, n'était mieux que lui capable d'écrire. — ABOT DE BAZINGHEN, dit *le Monétaire,* conseiller commissaire en la cour des monnaies de Paris, auteur des *Recherches sur les comtes de Boulogne,* publiées en 1822; il a laissé un *Journal manuscrit de l'histoire de Boulogne,* mis à profit par l'historien de Boulogne, Bertrand.

Pour le Calaisis, les écrivains que l'on peut appeler, comme les précédents, les pionniers de l'histoire, ceux qui ont réuni avec plus ou moins de bonheur les matériaux que nous utilisons aujourd'hui, sont aussi dans l'ordre chronologique : Georges LAPOSTRE, à qui l'on doit un volume imprimé, ayant pour titre : *Calais port Iccien et ses antiquités;* — Marin BAILLEUL, curé de Sangatte, auteur d'une volumineuse chronique écrite de 1620 à 1639, intitulée : *Antiquités et choses plus remarquables de la ville de Calais, comtés de Guines, Sangatte, Marck, Oye et pays reconquis,* dans laquelle beaucoup de crédulité n'a pu parvenir à étouffer le sens historique; — Pierre ANQUIER, notaire, garde-notes héréditaire du Roy en la ville de Calais, qui a laissé un *Commentaire manuscrit sur les coutumes du Calaisis,* et un *Journal historique,* du 11 avril 1633 au 2 janvier 1644, que le bibliothécaire de Calais, M. de Rheims, n'a pas dédaigné de publier par extraits, sous le titre d'*Éphémérides locales,* dans l'*In-*

dustriel Calaisien; — Pigault de Lépinoy, ancien maïeur de Calais, père du romancier Pigault-Lebrun, qui n'a pas laissé moins de cinq volumes in-folio de *Mémoires historiques,* dont s'est enrichie la Bibliothèque de sa ville natale, grâce à la libéralité de M. Pigault-Maubaillarcq, l'un de ses enfants.

Je ne cite point ici, parce que tout le monde les connaît, les *Annales de Calais*, de Bernard; l'*Histoire de Calais et du Calaisis*, de Lefevre, prêtre de la Doctrine chrétienne, etc.

Pourquoi faut-il qu'après cette énumération nous ayons à regretter la perte de beaucoup d'ouvrages, qu'à raison de leur disparition, nous sommes portés à considérer comme très-précieux, mais qui, une fois découverts, ne se trouveraient peut-être plus être que des livres fort ordinaires? « Turpin de Saint-Pol (Mss. n° 771, p. 214, Bibl. Saint-Omer) cite les *Chroniques à la main* du P. Endricq de Saint-Omer. Qu'est devenu le manuscrit du P. Ange Endricq, concernant le *Portus Itius?*... Les trouvailles les plus importantes seraient assurément les compléments de nos plus fameux historiens : mais où dénicher le quatrième volume de la *Flandria illustrata* de Sanderus; la partie inédite des *Annales* d'Oudegherst; le deuxième volume de Montlinot; le quatrième de Malbrancq? » (Dufaitelle, *Puits artés.* passim.) Ajoutons-y l'*Histoire de l'abbaye de Samer,* de D. Wiart, œuvre capitale pour le Boulonnais, que l'on retrouvera peut-être quelque jour sur les rayons de la Bibliothèque Impériale, avec nombre d'autres pièces d'une célèbre collection dont il est temps de nous occuper.

Tels étaient, à quelques omissions sans importance près, les travaux dont l'histoire de notre pays avait été l'objet, lorsque fut entreprise une œuvre de premier ordre, à laquelle dom GRENIER a attaché son nom, et qui fournit encore aujourd'hui le fonds de documents le plus important qui existe sur la Picardie.

Cette province fut l'une de celles dont les moines bénédictins de la congrégation de Saint-Maur s'étaient proposé d'écrire l'histoire (1). A notre éternel regret, cette histoire n'a pas pu être achevée, comme bien d'autres commencées par la savante compagnie, dont les efforts se sont brisés contre un écueil fatal à bien des travaux de ce genre, la pénurie financière ; mais si nous n'avons pas eu la bonne fortune que le projet fût suivi d'une exécution complète, il est toutefois resté au pays, pour témoigner des recherches immenses accomplies par D. Grenier et ses collaborateurs, une quantité considérable de matériaux réunis et transcrits par leurs soins, aujourd'hui sans doute un peu en désordre, mais qui n'attendent plus, pour être classés et mis en œuvre, que le dévouement et le courage de quelque laborieux et savant continuateur des regrettables religieux.

Les études préparatoires, qui avaient pour objet de recueillir tous les documents relatifs à l'histoire et à la géographie du Boulonnais, avaient été commencées, dès 1738, par dom Mongé, auquel succédèrent, après sa mort arrivée en 1749, dom Caffiaux et dom Pardessus, nommés historiographes de la Picardie. Mais ce ne fut qu'en

(1) Plusieurs religieux avaient donné l'exemple des vastes travaux historiques sur les provinces. Désireuse de généraliser cette œuvre, la congrégation, dans une de ses diètes générales tenue en 1738, formula le projet d'établir des académies dans différents monastères de l'ordre, pour travailler aux histoires des principales provinces de France, et une circulaire du P. général fut immédiatement adressée pour cet objet.

1763 que ces travaux furent sérieusement abordés. A cette
époque, dom Grenier, religieux de l'abbaye de Corbie,
dont le nom, cher aux savants presque à l'égal de celui
des D. Vayssette et des D. Félibien, est désormais insépa-
rable de l'histoire même de la Picardie, en reçut la direction avec le titre d'historiographe qu'avaient eu ses prédécesseurs, et celui d'archiviste du Roi pour la Picardie (1);
ils furent dès lors poursuivis avec une infatigable persévérance. Pendant vingt-quatre années, D. Grenier par-
courut successivement toutes les provinces de la Picardie,
en commençant par le Boulonnais, Calais, Ardres, dont
il trouva les Archives dans le désordre le plus fâcheux,
prenant partout des copies de titres, dressant des inventaires d'archives, rédigeant des notes de toutes sortes. Il
s'était mis en relation avec tous les hommes de la Picardie voués à l'étude de l'histoire locale; parmi ceux-ci je
citerai, pour le Boulonnais, M. Dauphin d'Halinghen,
comme étant celui dont le nom a conservé le plus de notoriété (2). Une immense quantité de documents fut ainsi
par lui réunie, et bien des titres, bien des pièces dont les
originaux ont depuis disparu, des imprimés même, furent

(1) Pierre-Nicolas Grenier était né à Corbie, le 10 novembre 1723. On
ignore la date et le lieu de sa mort; on a perdu sa trace depuis l'époque
de la Révolution.

(2) Préface de l'introduction à l'Histoire générale de la province de
Picardie, par D. Grenier, publiée d'après le manuscrit de la Bibliothèque
Impériale, par MM. Ch. Dufour et J. Garnier, sous les auspices de la
Société des Antiquaires de Picardie. Amiens, 1856, in-4°. Environ un
siècle avant, les frères de Sainte-Marthe avaient déjà mis à contribution
tous ces dépôts, et les bénédictins D. Martène et D. Durant les avaient
de nouveau visités, les premiers pour leur grand ouvrage le *Gallia
Christiana*, les seconds pour l'édition nouvelle qu'ils préparaient de ce
recueil. (*Voyage littéraire de deux religieux Bénédictins*, etc. Paris,
1717, 2 part. en 1 vol. et 1 vol. de supplément, in-4°.)

de la sorte conservés à la science. Quelques parties de la rédaction, notamment en ce qui concerne l'histoire de Boulogne, étaient déjà assez avancées, et il allait entreprendre la publication de son travail, annoncé dès l'année 1786 par un prospectus, lorsque les troubles de la Révolution et la dissolution de la savante congrégation vinrent ajourner indéfiniment la réalisation de ce projet (1).

L'ouvrage de D. Grenier devait être divisé en trois parties : la première, précédée de l'introduction générale, comprenait les Belges, la Gaule belgique, la seconde Belgique, les cités de la Picardie proprement dite, les comtés du second rang, les palais des rois ; les villes qui n'ont point d'autre titre devaient entrer dans la deuxième ; la troisième devait être pour les bourgs, les villages, les hameaux. Le texte devait être accompagné de cartes, de vues, de planches servant à faire connaître les ruines, les monuments, les armes, les monnaies et sceaux, les inscriptions, les instruments de diverses sortes, etc. Le tout devait former six volumes in-4°. Le prix du volume avait été fixé à 12 livres pour les souscripteurs et 16 livres pour ceux qui n'auraient pas souscrit. (*Prospectus.*) Mais le temps n'était déjà plus où les immenses travaux des bénédictins trouvaient dans les souscriptions les fonds nécessaires pour en assurer la publication ; d'autres préoccupations agitaient de plus en plus les esprits. De l'importante histoire, demeurée inachevée, qu'avait préparée

(1) Ce prospectus a été reproduit par M. Roger, dans sa *Bibliothèque historique de la Picardie et de l'Artois.* Amiens, 1844, in-8°.
Un questionnaire imprimé avait en outre été adressé, en 1767, aux naturalistes et aux antiquaires de la province, et une instruction remise à tous les collaborateurs qu'il avait engagés dans les couvents de l'ordre.

dom Grenier, un seul fragment a été publié, il y a quelques années seulement, par la Société des Antiquaires de Picardie, sous la direction de MM. Dufour et Garnier : c'est l'*Introduction* que j'ai mentionnée plus haut.

Bien que le savant bénédictin n'ait pu acccomplir son projet, la Picardie ne lui en doit pas moins une éternelle reconnaissance, car on peut dire que c'est grâce à lui qu'une partie de ses titres ont été sauvés. Le fruit de tant de travaux, le produit de tant d'années de patientes et fastidieuses recherches, n'a pas été perdu ; l'œuvre de D. Grenier lui a survécu. Ses manuscrits, ses notes, les copies faites par ses soins de pièces aujourd'hui disparues, les brochures recueillies par lui, devenues depuis introuvables partout ailleurs que dans ses papiers, ont été déposés à la Bibliothèque Impériale, où ils forment une collection importante qui porte son nom. C'est la première source où doivent puiser ceux qui sont curieux d'étudier l'histoire locale dans ses détails. C'est une mine encore presque inexploitée, et qui renferme bien des trésors ignorés de beaucoup de ceux qui auraient intérêt à en faire profit. « Dom Grenier n'était point mort avant la suppression des couvents, autrement ses papiers eussent été réunis à la Bibliothèque de Saint-Germain des Prés, tandis qu'ils forment un fonds en dehors ; ils avaient été laissés dans la chambre qu'il occupait, sous la garde de ses bibliothécaires. Lors de l'incendie du 2 au 3 fructidor an II, qui menaça de détruire tous les trésors enfermés dans ce précieux dépôt, la chambre de D. Grenier ne fut point atteinte ; on ne songea même point à sauver les papiers. Ils furent ensuite transportés à l'hôtel Richelieu en trente-deux paquets qui y restèrent oubliés jusqu'en 1803 ou 1804, que M. Mouchet, ancien collaborateur de

Sainte-Palaye et de Bréquigny, en entreprit le dépouillement, l'un alphabétique, l'autre par paquets (1). » Ce sont
ces deux inventaires qui, à la Bibliothèque Impériale,
servent encore de catalogue à cette précieuse collection,
et l'on y constate malheureusement que des pièces ont
déjà disparu.

L'un des membres de la Société des Antiquaires de
Picardie, M. Dufour, pour en mieux faire apprécier toutes
les ressources au public de sa province, en a le premier
donné, dans le Recueil de cette société, une description,
sinon complète, au moins fort étendue, sous le titre de :
*Pouillé des manuscrits composant la collection de dom
Grenier, sur la Picardie* (2). Mais un nouveau classement
qui en a été depuis effectué ne permet plus de se servir
aussi facilement de ce pouillé pour les recherches à faire ;
il n'en est toutefois pas moins utile à consulter, parce
qu'il contient les analyses d'un assez grand nombre de
pièces. Dans ces dernières années, M. Louis Paris en a
inséré un inventaire dans son *Cabinet historique* (3).
Malgré quelques imperfections et la sécheresse de cette
nomenclature, c'est ce qu'il y a de plus complet en ce
genre (4). Aujourd'hui la collection de D. Grenier est

---

(1) *Mémoires de la Société des Antiquaires de Picardie.* Rapport
sur le Concours, t. IX, p. 405. — *V.* aussi la préface de l'introduction à
l'*Histoire de Picardie,* par MM. Dufour et Garnier. La première table
ayant pour titre *Notice des Paquets,* porte le n° 230 des Catalogues,
1 vol.; la seconde, *Notice alphabétique,* 2 vol., n° 231 des Catalogues.
Toutes deux sont toujours, comme tous les Catalogues, à la disposition
du public.

(2) *Mémoires de la Société des Antiquaires de Picardie,* t. II.

(3) T. III et suiv.

(4) Un autre relevé général des manuscrits et pièces de D. Grenier
est annoncé depuis longtemps. En 1845, la Société des Antiquaires de
Picardie proposa pour sujet de prix à décerner en 1847, une *Notice sur*

reliée en volumes et divisée par numéros, en rapport
avec les anciens paquets, dont chacun forme un ou plusieurs articles ou numéros ; chaque article ou numéro
forme à son tour un ou plusieurs volumes ; le classement
en liasses n'existe plus, au moins en apparence ; mais
cette division, qui était celle de D. Grenier, peut se suivre
par les rubriques qui se trouvent en tête de la plupart
des pièces qui composent chaque liasse ancienne ; elle
peut conséquemment se reconnaître facilement dans le
nouvel ordre adopté, celui des paquets ayant été maintenu (1).

Plusieurs pièces ayant évidemment appartenu au fonds
de D. Grenier ont été réunies, on ne sait par quelle inad-
vertance, à la collection Moreau. Un travail sérieux entre-

la vie et les travaux de D. Grenier. Un seul concurrent se présenta,
M. Ch. Damiens, d'Abbeville, professeur au lycée de Reims. Son travail,
remarquable à plus d'un titre, fut jugé digne du prix. Cependant l'auteur, élargissant son cadre, trouva lui-même son œuvre tellement in-
complète, qu'il résolut, au lieu de s'en tenir à son premier mémoire, de
le refondre totalement, de manière à en refaire un travail tout nouveau,
qui doit avoir pour titre : *Recherches sur la vie et les travaux des
historiographes de la Picardie, et particulièrement sur la vie et
les ouvrages de D. Grenier.* Il sera précédé d'une introduction et
accompagné d'une notice sur la formation des bibliothèques communales de notre ancienne province, et terminé par un relevé général de
tous les manuscrits de D. Grenier et des historiographes ses devanciers,
ses contemporains et ses successeurs. Cette seule indication suffit pour
donner une idée de l'utilité et de l'intérêt que présentera cet important
travail, qui tardera peut-être longtemps à s'offrir à notre curiosité, et
dont M. Damiens nous fait connaître toutes les vicissitudes dans une
brochure publiée il y a trois ans ; il y prend d'ailleurs un nouvel engagement de consacrer désormais tous ses soins et tout son temps à le
terminer. (*Recherches sur les historiographes de Picardie.* Paris,
Dumoulin, 1864, in-8°, 31 p.)

(1) Ainsi, en demandant un paquet, on y retrouvera les liasses qu'il
contient, bien que l'indication ne s'en trouve pas sur le dos du volume.
Du reste, les tables dont il a été question plus haut permettent toujours
de retrouver les parties que l'on aura intérêt à consulter.

pris sur cette volumineuse collection amènerait sans doute la découverte d'un grand nombre d'articles dont le déficit a été constaté lors du classement de celle de D. Grenier.

Après l'œuvre de D. Grenier, nous rencontrons un nom plus illustre encore, celui du grand DUCANGE (né en 1610 à Amiens, mort à Paris en 1688). Travailleur infatigable, il a réuni, seul, une masse incroyable de documents extraits de milliers de livres, de papiers, d'écrits de tous genres, qu'il a transcrits et commentés. Ces travaux avaient la plupart pour objet son *Glossaire*, le monument le plus précieux que nous possédions en ce genre, l'histoire de France en général et aussi celle de la Picardie, dont il voulait doter son pays. Il nous a laissé le programme de cet ouvrage, sous le titre de : *Dessein de l'histoire de Picardie ;* les livres XIII, XIV et XV devaient être consacrés au Boulonnais et au Calaisis. Un seul fragment a été imprimé qui, par malheur, ne présente aucun intérêt, l'*Histoire de la translation du chef de saint Jean-Baptiste.* Les manuscrits de Ducange ont été dispersés après sa mort. Une partie, comprenant le manuscrit des comtes d'Amiens, le portefeuille des titres pour l'histoire de Picardie, et autres pièces intéressant la province, était restée entre les mains du petit-fils de Ducange. M. Dufresne d'Aubigny, son petit-neveu, ayant appris qu'il était en marché pour les vendre à l'Angleterre, en offrit un prix plus considérable et en devint acquéreur. Une autre partie, concernant presque entièrement la Picardie, après avoir passé en diverses mains, fut déposée à la Bibliothèque de Vienne, d'où ils furent, à la suite de négociations diplomatiques, ramenés en France et offerts à la Bibliothèque du Roi (1756) par M. d'Aubigny, qui avait consacré ses soins et sa fortune à réunir toutes les parties éparses de la riche collection de son illustre parent.

Enfin, Baluze, pour composer son *Histoire de la maison d'Auvergne,* a réuni tous les titres du Boulonnais intéressant cette maison, qui a possédé le comté pendant de longues années. Il n'est resté que fort peu de choses à découvrir après lui, puisque le bénédictin D. Fournier, chargé par D. Grenier de recueillir tous les documents concernant le pays, et principalement de dépouiller le chartrier de Samer, se plaignait de n'avoir rencontré dans cette abbaye que quatre ou cinq titres, déjà publiés par Baluze dans le précieux volume consacré aux preuves de son histoire (1).

Le xviiiᵉ siècle avait été une époque de véritable renaissance pour les sciences historiques ou, pour parler plus proprement, c'est de cette ère seulement qu'elles datent. Les investigations de nos pères furent alors si étendues, que de nos jours des auteurs ont encore paru très-savants en se bornant à y puiser. C'est ce qui est arrivé quelquefois pour D. Grenier. Mais depuis ses recherches et celles de ses contemporains, ce genre d'études s'est bien développé ; en se répandant parmi toutes les classes, elles ont peut-être, il est vrai, perdu souvent ce caractère de profonde érudition, qui était le propre des œuvres des bénédictins et des savants laïques du dernier siècle. Leur exemple n'a pas toutefois été perdu, et la Picardie est sous ce rapport une des provinces qui se recommandent le plus par les travaux sérieux et importants dont elle a été l'objet. L'étude de l'histoire et

(1) La collection de dom Grenier renferme cependant quelques chartes de Samer, qui ne sont pas dans Baluze.

des antiquités y jouit d'une faveur dont témoignent les nombreux travaux qui s'y accomplissent. Aucun de ses historiens ne s'est encore cependant senti assez de courage et de persévérance pour reprendre l'œuvre commencée par le religieux de Corbie, et nous donner une histoire complète, non pas même de la province, mais seulement de l'une de ses divisions : le Boulonnais, le Ponthieu et les autres attendent encore que leurs fastes soient présentées en récits complets et suivis. En revanche, les monographies abondent sur les points et les questions les plus variés de leur histoire ou des sciences qui s'y rapportent ; l'attention s'est disséminée sur mille sujets divers. Il faut rapporter en grande partie l'honneur de cette diffusion du goût pour les sciences historiques aux sociétés savantes, dont le nombre, les travaux, en même temps que le mérite particulier de chacun de leurs membres, font de la Picardie une province privilégiée. En raison du rôle éminent qu'elles remplissent en cette matière, elles devront bientôt nous arrêter quelques instants.

Avant d'exposer dans quelles limites elles concourent à l'œuvre générale, je dois, pour compléter ce qui précède, mentionner une entreprise officielle qui a trouvé parmi elles un point d'appui, à laquelle elles ont été fort utiles, et dont il eût été sans doute préférable de leur confier en entier l'exécution, parce qu'un excès de centralisation a compromis le succès de l'œuvre, le jour où l'impulsion administrative s'est arrêtée : je veux parler du Recueil des documents inédits de l'histoire du tiers état, et particulièrement des documents relatifs à l'ancien état des villes, bourgs et paroisses de France. A son début, ce projet, digne des bénédictins, faisait espérer que la Picardie posséderait bientôt un recueil complet imprimé de ses titres ;

c'est en effet par ceux qui la concernent, et tout d'abord
par son chef-lieu, la ville d'Amiens, qu'avait été commencée la publication des pièces qui devaient le composer.
« La pensée d'éclaircir les origines de l'histoire du tiers
état, par la publication d'un grand recueil de documents
inédits, appartient à M. Guizot, ministre de l'instruction
publique. C'est lui qui, en 1836, a confié à M. Augustin
Thierry l'exécution de ce travail, entrepris avec zèle, mais
que des difficultés imprévues et le triste état de sa santé
ont rendu, malgré lui, beaucoup trop lent (1). » Cette
collection devait comprendre les chartes des communes
et les statuts municipaux des villes de France, ainsi que
des statuts et règlements des anciennes corporations d'arts
et métiers. Elle était destinée à composer un recueil qui
pût rivaliser avec les grands ouvrages d'érudition consacrés à l'histoire de la noblesse et du clergé (2).

(1) Aug. Thierry, *Essais sur l'histoire du tiers état.* — Appen-
dice I, p. 367. Paris, Pagnerre, in-8°. — En 1833, dans un rapport du
31 décembre, M. Guizot avait appelé l'attention du roi sur l'opportunité
d'une publication, exécutée aux frais de l'État et sous la direction du
gouvernement, de documents inédits relatifs à notre histoire nationale,
tirée des manuscrits des Bibliothèques de France, des grandes collections manuscrites de la Bibliothèque Royale, des diverses Archives municipales et départementales, des Archives générales et des Archives particulières des ministères. Plusieurs comités furent successivement cons-
titués, entre autres le comité des travaux historiques, fondé le 18 juillet
1834, qui nomma des correspondants en province. Des missions furent
organisées à l'étranger pour y recueillir les matériaux des grandes publications que l'on venait d'entreprendre. Des recueils spéciaux ont publié
les bulletins de ces opérations : Bulletins du comité des monuments, — de
la langue, — Archives des missions scientifiques ; — le comité historique
des monuments écrits n'avait pas plus que les autres d'organe à l'origine ;
des extraits des procès-verbaux de ses séances étaient publiés dans le
Journal de l'instruction publique ; plus tard ils furent réunis en un
recueil, qui s'arrête en 1848. (*Extrait des procès-verbaux des comités des monuments écrits.* In-8°, Impr roy)

(2) Collection des documents inédits sur l'histoire de France. — Rapport au ministre. Paris, Impr. roy., 1839, in-4°.

Des recherches avaient été déjà faites, au siècle dernier, pendant plus de vingt ans, dans tous les dépôts d'archives de la France, et n'ont été interrompues que par la Révolution, pour faire la collection générale des chartes, entreprise sur le plan des *Fœdera* de Rymer, et bien plus développée encore. L'historiographe Moreau était à la tête de ces recherches, auxquelles la première impulsion avait été donnée par le ministre, M. Bertin. Il n'en est résulté qu'une collection très-considérable et très-précieuse, il est vrai, de documents manuscrits conservés à la Bibliothèque Impériale, et les trois premiers volumes des *Diplomata*, *Chartæ*, etc., de Bréquigny et Laporte du Theil, publication continuée de nos jours par l'Académie des Inscriptions et Belles-Lettres.

La nouvelle tentative de M. Guizot n'eut pas une issue plus heureuse. L'entreprise survécut, il est vrai, au ministre qui en avait eu l'initiative, mais elle s'arrêta, au moins pour la partie qui nous occupe, lorsque les sciences historiques perdirent le regrettable savant qui avait été seul jugé capable d'en prendre la difficile direction. De toute cette vaste collection, il n'y a eu d'achevés que trois volumes concernant la commune d'Amiens ; il est en outre resté un nombre considérable de documents et de pièces réunis au prix d'un labeur multiple, mais qui dorment, quant à présent, inexploités et inaccessibles dans les archives de la commission. Pour apprécier l'immense utilité de cette œuvre et les ressources qu'elle devait offrir aux travailleurs, je ne puis mieux faire que de citer quelques passages des rapports de M. Augustin Thierry.

Secondé par de zélés collaborateurs qui travaillaient sous sa direction, M. A. Thierry s'était mis immédiatement en mesure de s'assurer, pour l'exploration des Archives départementales ou municipales et des Bibliothèques de province, le concours de savants honorés du titre de correspondants du ministère. « L'inscription, dit-il dans son premier rapport, sur un bulletin à part du titre et du sommaire de chaque pièce, telle qu'elle se pratique pour le nouveau catalogue des manuscrits de la Bibliothèque Royale, m'ayant paru offrir plus de commodité pour le classement ultérieur, j'ai prescrit l'emploi de ce mode de dépouillement. J'ai fait joindre au titre et à la date de chaque document relatif à l'histoire des communes ou à celle des corporations d'arts et métiers, une courte notice analytique, ainsi que les noms de la localité (ville, bourg ou village) à laquelle ce document se rapportait, et les noms des grandes circonscriptions, anciennes et modernes (diocèse, province, département), où cette localité se trouvait située ; enfin l'indication précise du recueil, du volume et de la page où il faudra recourir, quand le moment de la transcription sera venu.

« C'est ainsi qu'ont été dépouillés, entre autres, l'inventaire des chartes d'Artois et de Flandre, en six volumes ; cent volumes de la collection Colbert, contenant les chartes de la Flandre et de l'Artois, et dix-sept autres recueils de pièces appartenant aux mêmes provinces. Le même procédé a été appliqué aux provinces (1).

« Mais la plus grande partie des documents se trouve ensevelie dans les Archives provinciales, où ils gisent pour la plupart inconnus de ceux-là même qui ont mission de

(1) Collection des documents inédits sur l'histoire de France. — Rapport au ministre. Paris, Impr. roy., 1839, in-4°.

les conserver (1). Les copies qui ont été faites ont été déposées au bureau des travaux historiques, dans des cartons étiquetés (2).

« La première série de la collection des monuments de l'histoire du régime municipal et communal, annonçait M. A. Thierry dans son rapport du 10 mars 1837, sera celle de l'*extrême Nord*. Selon toute apparence, le tome premier comprendra les pièces relatives aux provinces de la Flandre française, du Hainaut français, de l'Artois, et aux comtés de Vermandois, Boulonnais et Ponthieu... Afin de hâter le plus possible la publication de ce premier volume, dès que ma résolution a été prise de commencer par la frontière du Nord, j'ai borné le dépouillement des grands recueils et des dépôts d'actes, tant de la Bibliothèque Royale que des Archives du royaume, à la circonscription territoriale que je me proposais d'embrasser d'abord. Pour établir le partage de ce qui doit être relevé présentement et de ce qu'on pourra négliger, sauf à y revenir plus tard, M. Delpit a exploré, par mon ordre, tous les catalogues du cabinet des manuscrits de la Bibliothèque, et cet examen lui a fourni les indications suivantes, sur le nombre et la nature des collections qui nous restent à dépouiller :

« 1° Soixante-quatorze recueils de chartes, lettres et autres actes concernant d'une manière spéciale les pays de Flandre, Hainaut, Artois, Vermandois et Boulonnais.

« 2° Trois cent vingt-deux collections mixtes ou recueils généraux de documents pour l'histoire de France. »

(1) Depuis, le service des Archives s'est considérablement amélioré, et les archivistes sont aujourd'hui à la hauteur de leur mission.

(2) On pourrait ici reprendre la phrase du rapporteur, et ajouter « où elles gisent inconnues. »

M. A. Thierry fut aidé dans ces travaux par les savants de la province, ses correspondants, et il se plaît à leur rendre justice dans son second rapport (6 mai 1838). « MM. Morand et Louis Cousin, à Boulogne, ont envoyé des travaux remarquables, soit en inventaires d'actes relatifs à l'organisation municipale, soit en copies de pièces inédites, soit en renseignements de tout genre... MM. Dufaitelle, à Calais, Gérard et Abot de Bazinghen, à Boulogne, ont envoyé ou des notices, ou des copies de chartes, ou des manuscrits en communication... Les fonctionnaires de l'ordre administratif qui ont répondu par des envois de pièces originales ou par des informations effectives, aux deux circulaires adressées, sont... M. Jacques Leveux, maire de Calais, etc... »

On voit par ces extraits combien il est fâcheux, pour le Boulonnais en particulier, que la publication d'une aussi importante collection ait été arrêtée à son début. Sans doute elle a dû être interrompue à cause de l'insuffisance des documents qui étaient fournis, mais la mise à exécution du projet lui-même était prématurée. Les villes qui possédaient des archives ont pu, tant bien que mal, répondre à l'appel du ministère ; mais les communes rurales étaient et seraient encore aujourd'hui dans l'impossibilité de le faire ; la plupart ignorent même si elles possèdent d'anciens titres, aucune n'est en état de dire ce qu'ils renferment. Avant d'entreprendre un travail de proportions aussi colossales, il eût donc fallu organiser le service des Archives communales. Ce vice radical de la tentative de M. Aug. Thierry avait été dès le principe compris avec une grande sagacité par M. Fr. Morand, membre correspondant du ministère, et il s'était efforcé de faire toucher du doigt à ce savant les difficultés ou, pour mieux dire, les impossibilités auxquelles il allait se heurter, dans trois lettres remplies des observations les plus judicieuses, et qui contiennent sur l'organisation du service des Archives communales les vues les plus saines dont il est vraiment regrettable que l'on n'ait pas tenu compte à cette époque ; nous serions sans doute aujourd'hui plus avancés que nous ne le sommes (1). C'était aussi peut-être une erreur que de prétendre centraliser dans les bureaux d'un ministère un travail qui ne peut guère se faire fructueusement que sur les lieux où se trouvent les pièces à employer. Les sociétés savantes des départements étaient mieux placées pour remplir cette tâche, et elles étaient en mesure d'y suffire ; en Picardie surtout, ces réunions d'hommes voués aux intérêts intellectuels de leur pays sont nombreuses, et, pour ne parler que du Boulonnais, cinq sociétés se sont consacrées, soit spécialement, soit accessoirement, à l'étude des annales et des antiquités du pays :

La Société des Antiquaires de la Morinie. — Fondée en 1831, elle a pour objet : 1° La conservation et la description des anciens monuments de la Morinie qui subsistent, et dont il reste quelques ruines ;

2° La recherche et la description des objets d'art du temps des Romains et du moyen âge, dont les fouilles déjà faites ont démontré l'existence sur divers points de la Morinie ;

3° La reconnaissance et la description des faits géographiques, géologiques et d'histoire naturelle, qui peuvent servir à constater les variations du sol et des eaux de la

_____

(1) *V. infrà* ce qui a trait à la question des Archives.

Morinie, depuis l'expédition de César; spécialement la
formation graduelle des îles et des plages du delta de
l'Aa et de l'Isser, depuis Calais jusqu'à l'embouchure de
l'Escaut;

4° La recherche et la discussion des éléments du lan-
gage ancien de la Morinie ; des idiomes de l'Artois et de
la Flandre maritime, ainsi que leurs rapports avec ceux
des anciens peuples de l'Europe ;

5° La conservation, la recherche, le classement, l'analyse et la publication, intégrale ou par extraits, des chartes
et diplômes, des anciens titres, des cartes et plans du
moyen âge, et de tous autres documents propres à établir
ou éclaircir l'histoire des communes et des États de
Flandre et d'Artois ; de leurs coutumes et autres monuments de leur législation et de leur jurisprudence, ainsi
que de leur administration depuis les Romains jusqu'à la
Révolution de 1789 ;

6° La conservation, la recherche, le classement et la
publication intégrale ou par extraits des anciennes chroniques, des mémoires ou recueils historiques qui sont
encore manuscrits, ou qui n'ont été, comme l'ouvrage de
Malbrancq (*De Morinis*), publiés qu'en partie ;

7° L'encouragement des entreprises étrangères à la
société, qui auraient pour objet l'impression ou la gra-
vure d'ouvrages propres à faire connaître les antiquités
de la Morinie, les événements historiques dont elle a été
le théâtre et les personnages qui l'ont illustrée par leurs
ouvrages, leurs talents ou leurs services.

Cette société ouvre des concours et distribue des prix
et des médailles aux auteurs des meilleurs ouvrages sur
les antiquités de la Morinie.

Elle a publié onze volumes de Mémoires avec planches

et sept autres volumes de Travaux historiques, dont l'un, l'*Histoire des abbés de Saint-Bertin*, par M. de la Plane, secrétaire perpétuel, a obtenu une médaille d'or au concours des Antiquités nationales.

La Société des Antiquaires de la Picardie. — Cette société est de création récente ; son origine ne remonte qu'à l'année 1836. Elle fut fondée à cette époque sous le nom de *Société archéologique du département de la Somme*. Mais, étendant bientôt son ressort, elle prit, le 5 janvier 1839, le nom qu'elle porte aujourd'hui et comprit dans la sphère de ses travaux toutes les parties de la France du Nord où l'idiome picard était anciennement usité. Le but qu'elle s'est proposé est de rechercher, de décrire et de conserver les antiquités de la Picardie. Elle veille à la conservation des édifices antiques qui ne sont point sortis du domaine public, et, de concert avec les autorités locales, elle prend des mesures pour le classement des bibliothèques et des dépôts publics.

Elle a fondé un prix annuel ou médaille d'or de 300 fr., qu'elle décerne à l'auteur du meilleur mémoire sur une question d'histoire ou d'archéologie dont elle détermine le sujet.

Elle se divise en plusieurs comités, savoir : un comité central, composé de tous les membres titulaires résidants, qui a son siége à Amiens, et trois comités locaux établis à Beauvais, à Compiègne et à Noyon.

Elle a fait paraître vingt volumes in-8° de Mémoires, sept volumes de Bulletins et quatre volumes in-4° de Documents relatifs à l'histoire de la Picardie, notamment l'*Introduction* à l'Histoire de cette province par D. Grenier, déjà citée plus haut ; c'est à elle aussi que l'on doit la création du Musée Napoléon d'Amiens, qui a pris de si grands développements.

L'Académie d'Arras pour l'encouragement des lettres et des arts. — L'existence de l'Académie d'Arras remonte à 1737. Elle ne faisait alors rien imprimer et se bornait à faire insérer dans le *Mercure* des extraits des lectures faites dans les séances publiques, les rapports sur les concours, les ouvrages couronnés et quelques productions de ses membres.

Elle a publié, depuis 1818 jusqu'en 1866, trente-sept volumes, plus trois volumes de Documents inédits, un Éloge historique de monseigneur de Pressy, évêque de Boulogne, par M. l'abbé Haigneré, et une table des matières. Elle a institué divers concours dont le programme est publié chaque année.

Les archives de l'ancienne Académie d'Arras, dispersées à l'époque de la Révolution, ne renferment plus qu'un très-petit nombre de documents intéressants, contenus en sept liasses, et un Recueil dont M. Ach. d'Héricourt a donné un inventaire sommaire (1). On peut citer entre autres un catalogue de tous les auteurs qui ont écrit sur l'histoire de l'Artois, rédigé par ordre du ministre pour continuer la Bibliothèque du P. Lelong. La plus grande partie des documents historiques qu'elle possédait sont aujourd'hui perdus pour elle. Les archives de l'Académie actuelle contiennent les manuscrits des Mémoires envoyés aux concours fondés par cette société et de diverses communications de ses membres qui n'ont pu trouver place

(1) Rapport sur les Mss. de l'ancienne Académie d'Arras; *Mémoires* de l'Académie, 1844, p. 156. — *Écho du monde savant*, 2ᵉ sem. 1844, p. 498.

dans le Bulletin. Une des pièces les plus importantes est la traduction, restée longtemps inédite, de l'ouvrage de Malbrancq, *De Morinis*, due à M. Sauvage, directeur de l'École normale d'Évreux (1), dont il vient enfin d'entreprendre la publication, mais d'après un nouveau travail tout à fait distinct de celui qui est resté dans les archives de l'Académie d'Arras.

La Société d'Agriculture, du Commerce, Sciences et Arts, de Calais. — Créée le 23 février 1799, la Société d'Agriculture de Calais n'a pas laissé de traces de ses travaux jusqu'au 5 mars 1819; et il n'a pas été possible de découvrir ses archives, soit qu'il n'en ait pas existé, soit que, peu importantes, elles aient disparu pendant la Révolution. Elle se réorganisa le 5 mars 1819 et eut quelques séances jusqu'en 1823. De 1823 à 1834, elle retomba dans une période d'inaction, bien que donnant de temps à autre quelques signes de vie; enfin, du 27 décembre 1834 au 21 janvier 1836, elle s'est de nouveau ralliée, et un nouveau règlement a été adopté (2). Dès lors

(1) *V.* sur l'ancienne Académie d'Arras, une Notice fort étendue, publiée dans les *Mémoires* de cette académie, t. XXXV, p. 347. C'est une analyse assez détaillée de ses séances et de ses travaux depuis sa fondation jusqu'en 1790. On y indique toutes les lectures et communications faites aux réunions, et entre autres plusieurs lectures de Max. Robespierre, dont l'une, suivant la remarque qu'en fait avec malignité l'historien, dura sept quarts d'heure; elle avait pour sujet la législation qui règle les droits civils des bâtards.

Une autre Notice sur l'ancienne Académie d'Arras avait été donnée précédemment dans le tome Ier des *Mémoires* de l'Académie (1818), par M. Bergé de Vasseneau. Elle est très-succincte. Enfin, M. L. Cavrois a lu, à la séance du 19 janvier 1866 de l'Académie d'Arras, une dissertation sur l'origine de cette société.

(2) J'ai emprunté presque textuellement ces détails à un rapport de M. Ern. Le Beau, inséré dans le Ier vol. des *Mémoires*, p. 9.

elle s'occupa activement et utilement des intérêts auxquels elle s'était consacrée. Au point de vue historique, elle a produit des travaux importants ; les trois volumes de Mémoires qu'elle a publiés de 1839 à 1851 sont des mieux nourris de dissertations savantes et approfondies et de documents précieux sur l'histoire du pays. Cette période a été une époque de prospérité pour l'histoire littéraire de Calais. Malheureusement, la phalange d'hommes lettrés et zélés qui en faisait toute la vie s'est dispersée ; la mort y a fait ses ravages, et, depuis, la Société de Calais a cessé complétement d'exister. Avant de publier un Recueil de ses travaux, elle avait fait imprimer quelques brochures et Mémoires, la plupart consacrés à l'agriculture et à l'industrie. La société a institué plusieurs concours qui ont produit d'excellents résultats. Ses archives, peu nombreuses, sont renfermées dans plusieurs cartons déposés à l'hôtel de ville ; ils contiennent quelques Mémoires et communications qui n'ont pas trouvé place dans le Recueil.

Depuis peu de temps, une nouvelle Société d'Agriculture et d'Industrie a été créée à Calais et installée le 26 juin 1865. Elle paraît devoir rester tout à fait étrangère aux questions d'histoire et d'archéologie.

Enfin, la *Société Académique de l'arrondissement de Boulogne-sur-Mer* est la plus récente et la plus spéciale pour le Boulonnais.

On sait qu'une société savante existait depuis longtemps et existe encore à Boulogne, sous la dénomination de *Société d'Agriculture, Sciences et Arts* ; elle date de l'année 1797, et compta dès l'origine, parmi ses membres, Daunou et Yvart. Elle a fait paraître des Rapports, Notices, Mémoires, formant aujourd'hui, en y comprenant son

Bulletin, quinze volumes in-8° et un volume in-4°, correspondant à l'année 1824. Dissoute par arrêté du préfet du 9 mai 1858, et rétablie le 10 août suivant, elle s'est, à partir de cette époque, exclusivement consacrée à l'agriculture et à l'industrie. Elle ne semblerait toutefois pas avoir complétement abandonné les travaux historiques, puisqu'en 1861, elle a obtenu une médaille d'argent pour le meilleur dictionnaire topographique des noms de lieux d'un département ou même d'un arrondissement, à raison de celui de l'arrondissement de Boulogne, dont M. l'abbé Haigneré est l'auteur. Ses archives, de même que ses publications, ne contiennent du reste qu'en très-petit nombre des documents sur l'histoire du Boulonnais (1).

La modification survenue dans les conditions d'existence de l'ancienne société laissait à remplir une lacune dont s'affligeaient les amis de la littérature et des sciences relatives à l'histoire du pays. C'est à l'initiative de l'un des derniers sous-préfets de l'arrondissement de Boulogne, M. Boyer de Sainte-Suzanne, qu'est due la création de la nouvelle société. La constitution en a été autorisée par arrêté préfectoral du 27 mai 1864. Son objet est l'étude et l'encouragement des lettres, des sciences et des arts dans sa circonscription; elle doit publier annuellement un volume de Mémoires, dont le premier a paru en 1866, et un Bulletin trimestriel, paraissant régulièrement depuis l'origine.

On consultera également avec fruit les publications

(1) M. Gérard a fait paraître une Notice sur cette société dans le Bulletin n° 9 de 1864.

d'autres sociétés étrangères au pays, telles que celles de l'arrondissement de Dunkerque, du Comité flamand de France, publiées à Lille, de la Société d'Archéologie et de Littérature de la ville d'Ypres et de l'ancienne West-Flandre, toutes dans les limites de la Morinie ; celles de la Société archéologique du comté de Kent, qui s'occupe souvent de sujets intéressant notre pays, et enfin les Recueils de diverses sociétés générales qu'il est presque superflu de nommer, telles que : la Société archéologique, celle des Antiquaires de France, de l'Histoire de France, la Revue de l'art chrétien, le Bulletin monumental, et beaucoup d'autres, dont l'énumération serait trop longue, qui ouvrent leurs recueils à toutes les communications concernant l'histoire et l'archéologie provinciales.

Indépendamment de ces sociétés, des commissions scientifiques ou archéologiques se sont formées à l'exemple de celles qu'avait instituées, vers la même époque, M. Guizot, auprès du ministère de l'instruction publique. Je citerai seulement ici :

La Commission des Antiquités départementales du Pas-de-Calais, fondée par arrêté du préfet du 3 mars 1846, en remplacement des commissions d'arrondissement créées par un autre arrêté précédent, du 15 juin 1843. Elle a pour objet : 1° la recherche et le classement des anciens édifices remarquables sous le rapport de l'art et de l'histoire ; 2° l'exploration des Archives communales, afin de signaler les documents dignes d'intérêt, et de proposer tous les moyens d'ordre et de conservation dans ces dépôts ; 3° la surveillance des découvertes d'objets d'art ou de débris historiques ; 4° et enfin l'exécution d'une statistique archéologique du département. Cette commission doit se réunir au moins une fois par an, sous la présidence du préfet, pour rendre compte de ses travaux. L'analyse de ses séances, contenant les communications qui lui sont adressées, est publiée par ses soins, sous le titre de *Bulletin* (1). Ce bulletin comprend aujourd'hui un volume in-8° de 421 pages, plus les tables et quelques livraisons du tome II, le tout avec planches. En outre, la commission publie, sous le titre de *Statistique monumentale du Pas-de-Calais*, des monographies avec planches des principaux édifices de la contrée ; ce recueil comprend huit livraisons in-4°, formant le premier volume, et plusieurs livraisons du deuxième volume. La commission a en outre donné son concours à l'exécution de diverses fouilles et à la restauration de plusieurs monuments dans le département.

Les membres de cette commission, pour l'arrondissement de Boulogne, étaient, au début : MM. Abot de Bazinghen, Fr. Morand, Pigault de Beaupré, Debayser, de Rheims. Il faut ajouter à ces noms ceux de MM. Henneguier et G. Souquet, qui, bien que représentant l'arrondissement de Montreuil, appartiennent, par leurs travaux et leurs sympathies, au Boulonnais, lequel composait d'ailleurs la partie maritime la plus importante de ce dernier arrondissement (2).

A Boulogne, une commission semblable avait été

(1) Arras, in-8°, imp. Tierny.

(2) Il existe aussi une Société française d'Archéologie pour la conservation des monuments historiques, qui, chaque année, tient un congrès dans une ville de France déterminée quelque temps avant la réunion. On y traite toutes les questions d'archéologie et d'histoire mises à l'ordre du jour, et concernant le pays au milieu duquel se tient le congrès ; le compte rendu en est publié chaque année au mois de mai (chez Derache, à Paris, in-8°). La société forme plusieurs divisions comprenant plusieurs départements ; à la tête de chaque division est placé un inspecteur divisionnaire, et à la tête de chaque département un inspecteur particulier.

précédemment instituée par la Société d'Agriculture,
Sciences et Arts, le 5 juillet 1844, sous le nom de *Commission chargée de la conservation des monuments*. Elle
avait surtout pour objet la recherche et la conservation
des monuments historiques de l'arrondissement; les membres qui la composaient ont fait plusieurs tournées dans
les cantons qui avoisinent Boulogne (1). Ils ont visité avec
beaucoup de soin les églises de toutes les communes.
M. Latteux, rapporteur, les a étudiées et analysées avec
une précision qui fait honneur à ses connaissances archéologiques. Le rapport qu'il en a dressé n'a malheureusement pas été inséré dans le Recueil de la Société, et le
manuscrit ne s'en trouve même pas dans ses archives.
Cette commission n'a du reste plus fonctionné depuis
l'institution de la commission départementale destinée,
comme nous l'avons vu plus haut, à remplacer celles
d'arrondissement; l'influence de ces dernières n'aurait
pas manqué d'être fort salutaire, et nul doute que celle
de Boulogne, en particulier, n'eût par la suite donné
naissance à des monographies intéressantes. Il est fâcheux,
à ce point de vue, qu'après avoir cessé d'être un rouage
administratif, elle n'ait pas continué à se livrer à ses occu-
pations, comme délégation de la société savante siégeant
à Boulogne.

Enfin, il ne faut pas négliger non plus diverses publi-

L'inspecteur de la première division, à laquelle appartient le Pas-de-
Calais, est M. Cousin, de Dunkerque, auquel l'archéologie du Boulonnais
est redevable de plusieurs précieuses découvertes; l'inspecteur du département du Pas-de-Calais est M. Deschamps de Pas, de Saint Omer.

(1) Cette commission se composait de MM. Dardenne, Henri, Horeau,
Latteux, Marguet, B. Marmin, Ch. Marmin, Regnault, H. de Rosny,
de Bazinghen, Debayser, et Fr. Morand.

cations périodiques, telles que les journaux, les annuaires et les almanachs; parmi les premiers, l'*Annotateur de Boulogne*, l'*Impartial*, qui lui a succédé, la *Boulonnaise* et la *Colonne*, puis la *Colonne et l'Observateur de Boulogne*, le *Journal de Calais*, l'*Industriel Galaisien*, remplacé aujourd'hui par le *Moniteur de Calais et de Saint-Pierre*, le *Puits Artésien de Saint-Pol*, contiennent, outre des articles de fond, une foule de notes et de petits articles qui peuvent être mis à profit; il en est de même des *Annuaires* du Pas-de-Calais, des *Almanachs* de Boulogne et de Calais (1).

§ II

ARCHIVES ET BIBLIOTHÈQUES

Quelque multipliés que soient les travaux faits jusqu'à ce jour sur les questions les plus diverses de notre histoire, tant par les différentes sociétés qui viennent de passer sous nos yeux que par les auteurs qui ont publié individuellement le résultat de leurs recherches, les sujets sont loin encore d'être épuisés : bien des questions délicates et controversées, telles que l'emplacement du *Portus Itius*, ou de *Quentovic*, le dévouement d'Eustache de Saint-Pierre, le lieu où Godefroi de Bouillon a reçu le jour, en dépit du nombre de brochures et de notes auxquelles elles ont donné naissance, sont à peine encore élucidées ; combien d'autres n'ont pas même été abordées; combien

(1) Ces diverses publications périodiques feront l'objet d'un chapitre spécial de la *Bibliographie*.

de faits inexacts sont acceptés comme vrais sans contrôle ;
combien de préjugés, d'opinions fausses, restent encore à
détruire. Dans un champ aussi vaste, il y aura toujours
place pour tous les travailleurs. Les pièces réunies par
D. Grenier pourraient peut-être, à la rigueur, suffire pour
la rédaction d'une histoire générale, et dispenser de faire
de nouvelles recherches dans les dépôts nombreux déjà
exploités par lui. Mais elles ne peuvent suppléer aux investigations plus étendues ayant pour objet des travaux de
moins longue haleine, qui, pénétrant plus intimement
dans les détails, paraissent suffire aujourd'hui à épuiser
toute la patience et tout le courage de nos historiens. La
science, d'ailleurs, a fait bien des progrès depuis ; la cri-
tique historique s'est développée sur les bases d'une méthode sévère ; des découvertes archéologiques nombreuses
sont venues de leur côté préciser bien des points incer-
tains. Force est donc toujours de remonter aux sources,
de se plonger dans la poussière de toutes les archives,
depuis celles de l'Empire jusqu'à celles même des plus
humbles fabriques de village, et, hâtons-nous de le dire
pour rendre pleine justice au mérite de ceux qui se livrent
à ce labeur, il est aussi pénible que trop souvent de mince
profit, et l'on doit d'autant plus leur en savoir gré ; « combien de parchemins et de titres poudreux ne faut-il pas
secouer de leurs casiers ignorés pour y puiser de trop
rares documents sur nos monuments ecclésiastiques, militaires et civils, nos institutions provinciales, féodales,
judiciaires, communales, religieuses ou de bienfaisance,
nos lois et nos coutumes spéciales et locales, notre industrie et ses merveilleuses créations (1). » Il faut donc se

(1) Th. Bonnin.

résigner à beaucoup fouiller pour peu découvrir, et en allant extraire de tous ces in-folio, de tous ces parchemins, quelque fait historique curieux, quelque particularité qui fournisse une donnée nouvelle et jette de la lumière sur les mœurs, la vie publique et privée de nos aïeux, ces infatigables chercheurs prennent à leur charge la partie la plus ingrate de l'œuvre à laquelle ils concourent. Ainsi donc, quelque sujet d'histoire locale que l'on veuille traiter, qu'il soit étendu, qu'il soit des plus restreints, si l'on a l'ambition légitime d'en faire une information sérieuse et profitable, il faut faire usage de matériaux dispersés en mille endroits divers, et c'est tout un travail préparatoire, souvent considérable, non pas de les réunir, mais seulement de les découvrir, d'apprendre à les connaître (1).

C'est à passer en revue ces diverses sources de documents originaux que j'ai maintenant à m'occuper. Il ne peut être question en ce moment que de donner quelques

(1) En présentant dans cette notice un aperçu des travaux entrepris pour réunir les documents relatifs à l'histoire du Boulonnais, je ne me suis attaché qu'à ceux qui concernent spécialement ce pays; par suite, je n'ai pas dû mentionner les recueils, très-nombreux, du reste, consacrés à l'histoire générale. Ce sujet a été traité dans plusieurs ouvrages spéciaux, parmi lesquels il suffira de nommer le suivant, dont je recommande la lecture à tous ceux qui débutent dans ce genre d'études : *Indication des principaux ouvrages propres à faciliter les travaux relatifs à l'histoire de France, fondée sur l'étude des documents originaux*, par M. J. Desnoyers. (Inséré dans l'*Annuaire de l'Histoire de France* de 1837.) Ce mémoire, bien que déjà vieilli et conséquemment devenu incomplet, est un véritable manuel résumant toutes les notions bibliographiques préliminaires qu'il est indispensable de posséder lorsqu'on aborde l'étude de l'histoire locale fondée sur les documents originaux. Il me dispensera de faire suivre de notes explicatives certaines indications que j'aurai à donner au cours de la *Bibliographie*, en me référant à quelques recueils généraux que je supposerai bien connus du lecteur, tels que la *Bibliothèque historique* du P. Lelong, et autres.

renseignements sur les dépôts publics contenant des pièces originales ou des copies de pièces et de renseignements de toute nature, depuis la simple note jusqu'aux registres compactes, cartulaires ou terriers, dont le nombre défie toute classification et tout inventaire détaillé, et qui ne pourraient, à ce titre, rentrer qu'en bloc dans le cadre d'une bibliographie.

Au premier rang de ces dépôts se placent les Archives de l'Empire, le département des Manuscrits de la Bibliothèque Impériale, et ceux des autres Bibliothèques importantes de Paris.

Tous ceux qui s'occupent d'études historiques savent, alors même qu'ils ne l'ont pas fréquenté, quelles ressources présente l'incomparable dépôt des Archives de l'Empire, dont les fonds se sont enrichis de plusieurs collections, qui jusque-là s'étaient trouvées réunies, par divers abus de longue date, au département des Manuscrits de la Bibliothèque Impériale ; il faut le reconnaître, cette mesure est dans le plus grand intérêt du public : « qu'un travailleur désire consulter un cartulaire, un ensemble de documents bien déterminé, il trouvera aux Archives la même promptitude obligeante dont font continuellement preuve les savants employés du cabinet des Manuscrits à la Bibliothèque Impériale. Mais qu'il se propose de rassembler des matériaux pour quelque monographie, l'histoire de Belleville, je suppose, l'employé de la Bibliothèque n'est pas tenu de fournir des renseignements à cet inconnu, qui n'apporte ni cote exacte ni indication précise ; l'archiviste, au contraire, devra s'enquérir de tous les fonds où peuvent se trouver des pièces concernant Belleville, les extraire des cartons de Saint-Denis, de Saint-Martin des Champs, du Grand Prieuré de

France, de la congrégation de Saint-Lazare, etc..., mettre à part les cartes et plans, ainsi que les documents administratifs et judiciaires (1). »

Outre l'inventaire général des Archives qui sera publié par l'administration, le directeur général actuel, M. le comte de Laborde, a laissé à l'initiative individuelle des archivistes la tâche de publier des inventaires spéciaux. L'inventaire ou état général présentera le tableau de la distribution des fonds pris par masses; les inventaires spéciaux présenteront des catalogues faits pièce à pièce avec la plus sévère exactitude. Deux de ces inventaires spéciaux sont en cours de publication : l'un, de la *Collection des Sceaux*, rédigé par M. Douet d'Arcq; l'autre, des *Layettes du Trésor des Chartes*, ainsi nommées parce que les titres qui composent ce trésor étaient gardés dans des coffres ou layettes, au nombre de quatre cent dix-huit. Le Trésor des Chartes comprend : les *Titres originaux* et les *Registres*. Le premier président Matthieu Molé avait fait dresser, en 1615, un inventaire des titres, par Théodore Godefroy et Pierre Dupuy. Il contient une analyse détaillée de chaque pièce des layettes classées par province, quoique cependant avec une certaine confusion. Il est demeuré manuscrit, mais il en existe des copies dans plusieurs de nos bibliothèques publiques, et elles sont toujours consultées avec fruit (2). Cet inventaire

(1) *Les Archives de l'Empire*, par M. Huillard-Bréholle, *Revue contemp.*, 30 avril 1863, p. 758. Le projet du ministère, beaucoup plus radical, proposait de transférer aux Archives toutes les collections de la Bibliothèque Impériale, chartes, titres et documents manuscrits relatifs à l'histoire. *V.* le rapport de M. P. Ravaisson au ministre d'État; Panckouke, 1 vol. in-8°. On s'est borné à des échanges et à quelques mesures auxquelles les travailleurs n'auront qu'à applaudir.

(2) Il a été donné, dans le *Bulletin* de la Société de l'Histoire de

forme, dans quelques exemplaires, huit volumes in-folio, dans d'autres neuf volumes. Celui dont il est fait usage aux Archives a dix tomes reliés en neuf volumes, dont le dernier comprend une table générale des matières. Le dépouillement entrepris par le nouvel éditeur, M. Teulet, et continué par son successeur, aura huit volumes, dont la copie était entièrement préparée lors du décès de ce savant, mais les matières y sont distribuées dans un ordre plus méthodique que dans le travail de Dupuy (1).

On a annoncé encore l'*Inventaire des Monuments historiques*, ou *Cartons des Rois*, par M. J. Tardif, et l'*Inventaire analytique des Actes du parlement de Paris*, par M. Boutaric, etc. Ces publications s'éloignent de notre sujet.

Quant au département des Manuscrits de la Bibliothèque Impériale, il est riche aussi en trésors historiques de toute nature, et nous avons vu que c'est là que se trouvent les papiers de D. Grenier. Beaucoup d'autres documents intéressant notre pays se trouvent dispersés dans les nombreux fonds dont se compose ce département. Partout le travail d'inventaire se continue, et plusieurs savants s'occupent avec persévérance de la rédaction longue et minutieuse des catalogues. Il faudrait une analyse générale de ces travaux pour y recueillir les indications intéressant la Bibliographie du Boulonnais, et l'on trouvera à peu près tous les renseignements désirables dans l'ou-

France (1845, p. 11), une *Classification des titres originaux du Trésor des chartes d'après l'inventaire de Godefroy et Dupuy*.

(1) Le *Trésor des chartes*, recueil complet des documents renfermés autrefois dans les layettes du Trésor, conservés aujourd'hui aux Archives de l'Empire, publication officielle faite par ordre de l'Empereur, sous la direction de M. le comte de Laborde, par A. Teulet, archiviste.

vrage de Le Prince, qui est toujours le meilleur livre sur la matière (1).

En dehors des catalogues réglementaires, toute latitude est laissée aux conservateurs pour la publication individuelle d'inventaires spéciaux, d'après l'errement adopté pour les Archives Impériales. Je ferai seulement, en passant, mention d'un très-utile catalogue, qui est en dehors de la classification des différents fonds : c'est celui qu'a rédigé, en quatre volumes in-quarto, M. Léopold Delisle, de toutes les chartes latines et françaises qui existent en original à la Bibliothèque Impériale, disséminées dans ces fonds, en dehors du Cabinet des titres, au nombre de cinq à six mille.

Tous ces inventaires ont été résumés pour la Picardie, par M. Cocheris, bibliothécaire à la Bibliothèque Mazarine, dans un ouvrage intitulé *Notices et extraits des documents manuscrits conservés dans les dépôts publics de Paris, et relatifs à l'histoire de la Picardie* (2). Avec ce livre, qui est près d'être achevé, on pourra presque, sans sortir de

---

(1) *Essai historique sur la Bibliothèque du Roi*, par Le Prince. Ce livre, paru en 1782, n'est plus complet, aujourd'hui que des augmentations et des changements considérables ont été faits aux divers fonds. En 1856, M. L. Paris a donné une nouvelle édition contenant un remaniement du texte de Le Prince, et qui ne répond pas toujours à ce que l'on devait espérer de ce travail.

(2) L'ouvrage avait paru d'abord dans les *Mémoires* de la Société des Antiquaires de la Picardie, sous le titre de : *Catalogue des Manuscrits sur la Picardie, conservés à la Bibliothèque Impériale et dans les principales Bibliothèques de Paris.* La Société des Antiquaires de Picardie avait décidé qu'un prix serait, au concours de 1852, décerné à l'auteur du meilleur catalogue des manuscrits de la Bibliothèque Nationale qui concernent l'histoire de la Picardie, à l'exception des collections de dom Grenier et de Ducange. M. Cocheris a étendu son travail en y comprenant les manuscrits des autres Bibliothèques de Paris et des Archives de l'Empire.

chez soi, se mettre à la recherche des documents manuscrits qui pourront intéresser, et n'aller ensuite qu'à coup
sûr, sans perte de temps, avec une indication exacte,
prendre connaissance des pièces dans les cartons où elles
sont enfermées. Après cet excellent ouvrage, il faut mentionner le Recueil que publie depuis quelques années
M. Louis Paris, sous le titre de *Cabinet historique* (1), où
l'on trouvera un inventaire complet, bien qu'assez sec,
des fonds manuscrits des bibliothèques de Paris, et notamment, comme je l'ai dit, celui de la collection dom
Grenier.

Archives du Pas-de-Calais. — Après les Archives de
l'Empire et la Bibliothèque Impériale, le dépôt le plus
important de pièces originales, dans l'ordre hiérarchique,
est celui des Archives du département, à Arras. Jusqu'à
ces derniers temps, les recherches ont été bien difficiles
dans toutes les Archives départementales, et les trésors
qu'elles renferment sont encore à peine connus, faute

---

(1) *Le Cabinet historique*, revue mensuelle, publiée à Paris, sous la
direction de M. Louis Paris.

Le Cabinet historique paraît depuis 1854. Il se divise en deux parties :
la première contient en texte des pièces inédites, intéressantes ou peu
connues; la seconde, le catalogue général des manuscrits que renferment
les bibliothèques publiques de Paris et des départements.

Comme guide des recherches à faire dans les Archives de l'Empire,
on peut recourir à l'ouvrage de M. H. Bordier, *Les Archives de la
France ou Histoire des Archives de l'Empire, les Archives des ministères, des départements, des communes.* etc.; Paris, in-8o, 1855.
Il faut noter toutefois que depuis la confection de ce livre, bien des
changements, bien des classements et des mouvements de série à autre
ont eu lieu, qui, sur plusieurs points, rendent inutiles les renseignements qu'il fournit. En matière d'archives et de bibliothèques, les classements changent si souvent, qu'il est difficile de donner des renseignements d'une scrupuleuse exactitude. *V.* aussi le rapport de M. Ravaisson,
cité plus haut, p. 34, note 1.

d'un inventaire complet. Cette lacune sera bientôt comblée; le dépouillement de toutes les pièces anciennes, antérieures à 1789, a été commencé depuis quelques années. Le projet de ce vaste classement si nécessaire est dû à l'initiative administrative de M. Duchatel, ministre de l'intérieur; mais, en dépit de la meilleure volonté, il faut, en semblable matière, des années avant qu'une mesure utile soit suivie d'exécution; l'esprit de routine, l'apathie des administrations, ont empêché que l'œuvre à laquelle M. Duchatel était jaloux d'attacher son nom fût même sérieusement abordée sous son ministère, et l'honneur de lui avoir donné l'impulsion définitive en revient à M. de Persigny (1). Aujourd'hui, l'*Inventaire sommaire* est en cours de publication. Il se divise par séries, suivant le classement adopté pour les archives. Il ne faudrait pas du reste se méprendre sur la nature des indications que ce travail fournira; il ne présentera pas, en effet, le détail complet de toutes les pièces qui ont été recueillies dans les archives et qui y sont journellement déposées, en vertu d'arrêtés ministériels ou des règlements; c'eût été beaucoup trop long : sous le titre d'un volume, paquet, dossier ou carton, contenant un recueil de pièces, on ne mentionne le plus ordinairement, sauf exception pour les documents d'une importance particulière, que quelques-unes de ces pièces comme spécimens pour ainsi dire; le détail est omis; ce sera au chercheur à consulter le volume ou le dossier même, s'il

(1) Les circulaires de M. Duchatel, des 8 août 1839, 24 avril 1841, 24 juin 1844; l'instruction du 16 juin 1842 sur les Archives des communes, et le rapport au roi du 8 mai 1841, forment un véritable traité sur la matière; mais, comme on peut le penser, le plan primitif a été bien des fois modifié depuis.

croit apercevoir que ce titre et les pièces que l'on signale lui promettent un document qui l'intéresse. Cet inventaire ne pourra pas malheureusement être terminé de longtemps encore (1).

Les Archives d'Arras sont très-considérables ; elles contiennent celles des anciens comtes et des états d'Artois, celles des intendances de Picardie et d'Artois, de Flandre et d'Artois, et des subdélégations ; le greffe du *Gros*, les Archives du conseil provincial d'Artois, de l'élection d'Artois, de la gouvernance d'Arras et du bailliage de Bapaume, des districts et de l'administration départementale ; les Archives de l'intendance de Picardie et d'Artois contiennent notamment un grand nombre de pièces qui concernent le Boulonnais, le Calaisis et l'Ardrésis, mais seulement pendant le xviiie siècle. Les Archives des anciens comtes d'Artois possèdent un inventaire qui en fut dressé par Godefroy, archiviste de la chambre des comptes de Lille en 1786.

« La collection (2) des chartes des comtes d'Artois, commencée en 1102, ne s'est continuée que jusqu'en 1357. A cette dernière époque, l'Artois ayant été réuni à la Flandre, la suite de ces chartes dut faire partie de la chambre des comptes de Lille ; le savant Godefroy fut chargé d'inventorier le dépôt d'Arras, et ce travail a été interrompu par la Révolution.

(1) L'*Annuaire des Archivistes*, rédigé par M. Champollion, tient au courant des progrès faits chaque année par la publication des Archives départementales et communales.

(2) J'ai extrait textuellement ce qui suit des notes sur les Archives départementales publiées par M. Gadebled dans le *Bulletin* de la Société d'histoire de France (1847, p. 260 et suiv.). Bien que ces notes remontent déjà à une époque ancienne, elles contiennent des renseignements encore aujourd'hui très-exacts sur les Archives départementales, à l'organisation desquelles M. Gadebled était attaché au ministère.

« Le tome 1ᵉʳ de l'*Inventaire* de Godefroy forme un volume in-folio de plus de neuf cents pages, y compris deux tables parfaitement rédigées, l'une pour les matières, et l'autre pour les noms de famille; il commence en 1102 et finit en 1287. Le deuxième volume, dressé en 1838 d'après les notes laissées par Godefroy, au moment de son émigration en 1793, commence en 1288 et finit en 1303; il contient six cent soixante-seize pages, y compris deux tables de matières semblables à celles du premier volume. L'ordre chronologique a été suivi par Godefroy dans son *Inventaire* (1). » De 1303 à 1357, le fonds des comtes d'Artois dort inexploré dans les cartons. Il est très-riche en pièces intéressant le Boulonnais et le Calaisis.

« Il existe plusieurs autres inventaires anciens que l'on pourra utiliser, tels que : Inventaires des intendances de Picardie et d'Artois, et de Flandre et d'Artois, et des sub-délégations pour les communes faisant maintenant partie du Pas-de-Calais; Inventaire partiel des titres et papiers des états d'Artois; Inventaires sommaires des districts.

« Le travail d'inventaire de Godefroy doit être conti-nué. L'archiviste a rempli un certain nombre de lacunes, en réunissant dans des layettes, par ordre de villes, les

---

(1) La Bibliothèque de Boulogne possède une copie de ce tome Iᵉʳ, faite en 1833 sur l'original. Celle de Calais en possède également une, et de plus, des extraits en ont été publiés dans les *Mémoires* de la Société d'Agriculture, etc., de Calais, t II, p. 109. *V.* encore sur cet Inventaire un article publié dans les *Archives du nord de la France*, etc., de MM. Dinaux et Leroy, 2ᵉ série, t. Iᵉʳ, p. 153, et surtout les notes de M. Dufaitelle. « Ces notes nous apprennent, dit M. Gérard (Cat. des Mss. de la Bibl. de Boul., nᵒ 143), que le 2ᵉ volume de cet inventaire, presque entièrement achevé, existait entre les mains de M. Charles Gode-froy, fils de l'auteur, propriétaire à Lille...; que le savant archiviste du Nord, M. Leglay, en a composé les tables et a fait exécuter du tout une copie qu'il devait transmettre à M. le préfet du Pas-de-Calais. »

chartes des XIIIe, XIVe, XVe et XVIe siècles, soit imprimées, soit manuscrites, qu'il a retrouvées principalement dans les papiers des états d'Artois. »

L'Inventaire des Archives des comptes de Lille, commencé par Godefroy, a également été continué.

Il existe en outre un inventaire plus récent des papiers des subdélégations anciennes, divisé en plusieurs parties, suivies chacune d'une table analytique, et comprenant, l'une le Boulonnais, l'autre les gouvernements d'Ardres, Calais et Montreuil.

Jusqu'à la confection du nouvel inventaire actuellement en cours d'exécution, ceux dont je viens de parler sont les meilleurs guides à consulter pour se diriger dans les Archives d'Arras. Du reste, le classement de ce dépôt est confié à M. Godin, dont le zèle et l'obligeance sont au-dessus de tout éloge, et qui est lui-même le guide le plus sûr que l'on puisse trouver.

Archives de la Somme. — Elles paraissent ne contenir que fort peu de choses se rapportant à notre pays. Toutefois, les registres aux comptes renferment des détails précieux sur les fréquents pèlerinages à Notre-Dame de Boulogne.

Archives du Nord, de la Côte-d'Or, etc. — Les Archives du Nord contiennent des pièces intéressant Boulogne, mais qui ne proviennent pas de cette ville; ce sont principalement des titres relatifs à l'administration du Boulonnais sous les deux derniers ducs de Bourgogne, de 1415 à 1477. Les Archives des ducs de Bourgogne, à Dijon, renferment aussi des documents sur Boulogne, signalés dans l'Inventaire de M. Rossignol, archiviste.

Quant aux Archives des comtes d'Auvergne et de Boulogne, elles sont à Paris, au Trésor des Chartes, auquel
elles ont été réunies. Une partie considérable, formant
autrefois les *Archives de Mercurol*, renferme beaucoup
plus de documents relatifs au Boulonnais qu'à l'Auvergne.
Bon nombre des titres qui composent ce fonds ont du
reste, comme on le sait, été imprimés par Baluze, dans
les *Preuves* de son *Histoire généalogique de la maison
d'Auvergne*. Je reviendrai sur ce point en son lieu.

Archives communales de Boulogne. — Dans l'ordre
administratif aussi bien qu'au point de vue de l'importance, ensuite des archives départementales se placent
les archives communales, les archives judiciaires, et celles
de divers établissements.

On devrait espérer trouver aux Archives municipales de
Boulogne une mine des plus riches à exploiter. Il n'en est
malheureusement rien : toutes les pièces antérieures à la
prise de cette ville par les Anglais, en 1544, ont été brû-
lées ou anéanties de toute autre façon vers cette époque.
Il est aujourd'hui hors de doute qu'aucune d'elles n'a été
transférée en Angleterre, comme on l'avait longtemps
espéré. Je ne répéterai pas ici ce qui a été déjà dit
d'une manière plus pertinente sur cette question par
MM. d'Hauttefeuille et Bénard, et surtout par M. F. Morand; il me suffira de transcrire la conclusion de ce
dernier :

« Notre perte fut grande : car outre les archives de la
commune, de la sénéchaussée et des administrations
domaniales, telles que la maîtrise des eaux et forêts, par
exemple, la ville était devenue dépositaire de titres et de
papiers que des églises, des abbayes et plusieurs sei-

gneurs du comté y avaient envoyés par mesure de sûreté, dès les premiers jours de l'occupation du Boulonnais par l'ennemi...

« Au nombre des titres que nos Archives reçurent alors de différents lieux du Boulonnais, se trouvaient ceux de l'abbaye de Samer. On regrettera toujours, et avec raison, que les archives de cette abbaye ne puissent plus être consultées par les historiens de notre pays. M. Daunou les a indiquées comme une des sources, malheureusement taries, de nos annales au moyen âge. Elles devaient certainement renfermer des documents dont l'histoire de Boulogne eût tiré grand profit. Mais déjà, en 1544, c'était un trésor bien appauvri, et l'on ne peut douter que les Anglais, sur la place de Boulogne, n'en détruisirent les restes. Le fonds principal des archives de cette abbaye avait été consumé avec l'abbaye elle-même par les Bourguignons en 1522. Ce fut l'année dite des *Grands feux*. Sept ans plus tard, le bourg de Samer disparut dans un nouvel incendie.

« La ville de Boulogne ne saurait donc représenter aujourd'hui, de ses anciennes archives municipales, que celles qui s'y sont formées depuis 1550. Encore ont-elles éprouvé des pertes dans les mauvais jours de la Révolution de 1789 (1). On y trouve réuni tout ce que la barbarie a laissé échapper, à cette époque, des Archives du Cha-

---

(1) Ces pertes, ainsi que cela a été démontré par M. Bordier (loc. cit.), ne portent que sur les titres nobiliaires. Cela résulte d'ailleurs d'un document produit par M. Morand lui-même (*Année hist.*, p. 289), et qui contient ce qui suit :

« 12 décembre 1792. — Les administrateurs composant le directoire du district de Boulogne invitent les municipalités de ce district à suivre l'exemple de l'administration départementale, en jetant au feu *les pièces généalogiques et les livres sur le blason* qui pourraient se trouver dans leurs Archives. »

pitre de la cathédrale. Bien que l'administration locale eût songé, en 1814, à les remettre en des mains habiles, celles de l'historien Henry, pour qu'il les réorganisât, elles sont restées abandonnées dans les greniers de l'hôtel de ville jusqu'en 1837, où le maire, sur la proposition qui lui en fut faite, créa un archiviste, avec mission de les classer et de les inventorier. L'objet de ce travail était de conserver des documents historiques. » [*Année historique*, par M. F. Morand, p. 124.] (1).

L'administration boulonnaise a de tout temps résisté, non sans raison, et avec quelque succès, à la translation au dépôt départemental des titres les plus précieux intéressant le pays. En 1790, elle n'envoya aucune pièce, bien que requise de le faire, mandant aux administrateurs du département « que, comme le Boulonnais avait une administration particulière, et que, comme le district actuel de Boulogne avait dans son arrondissement tout le territoire soumis à l'ancienne administration du Boulonnais, ils pensaient devoir être exceptés de la règle générale ; ils ont prié, en conséquence, MM. les administrateurs du Pas-de-Calais de les autoriser à se faire remettre directement tous les papiers de leur administration, après toutefois en avoir fait faire un inventaire sommaire, dont ils auraient envoyé copie certifiée véritable... (2). » Bien qu'elle n'ait pas pleinement réussi dans cette prétention, la ville de Boulogne a persisté dans cette voie, et enfin, elle a récemment obtenu l'autorisation de conserver dans ses Archives municipales plusieurs titres dont elle avait à cœur de ne pas se dessaisir.

(1) *V.* encore : Note sur les Archives de Boulogne-sur-Mer, à la suite de l'*Histoire de Boulogne,* de MM. Bénard et d'Hauttefeuille.

(2) Invent. des subdélégat. Archives départementales, à Arras.

Le classement et le complètement des Archives municipales a été poursuivi régulièrement depuis l'organisation
de ce service, et un inventaire en a été dressé par l'archiviste actuel, M. l'abbé Haigneré (1).

Voici ce que possède Boulogne, pour l'époque antérieure à 1790 :

Archives communales, depuis 1550.

—   hospitalières, depuis 1692.

—   de l'Évêché, xviiie siècle.

—   du Chapitre, depuis 1553, avec quelques pièces
            antérieures provenant de Thérouanne.

—   de Saint-Wulmer, abbaye O. S. A., depuis
            1503.

—   des Minimes, depuis 1642.

—   des Annonciades, xviie et xviiie siècles.

—   des Ursulines, xviie et xviiie siècles.

—   des Frères des Écoles chrétiennes, xviiie
            siècle.

—   du Prieuré du Wast, xviie et xviiie siècles.

—   de l'Abbaye de Samer, xviie et xviiie siècles.

—   de l'Abbaye de Longvilliers, xviie et xviiie
            siècles.

—   de la Chartreuse de Neuville, xviie et xviiie
            siècles.

(1) Ce dépôt, classé avant la circulaire du 25 août 1857 sur la rédaction des inventaires, a été maintenu dans son état ancien; l'inventaire
n'est donc pas divisé par séries.

On comprend, du reste, que les convenances m'imposent une très-
grande sobriété de détails sur ce sujet intéressant des Archives municipales de Boulogne. L'Inventaire dressé par M. l'abbé Haigneré est sur le
point de voir le jour; son travail doit conserver jusqu'à cette époque
toute sa fleur; les curieux devront faire comme moi-même, attendre.
L'auteur promet de le faire précéder d'une Notice sur le dépôt qui lui est
confié.

Archives de l'Oratoire de Boulogne, un registre.

— du Séminaire, quelques pièces.

La maîtrise des eaux et forêts est allée à Arras, bien que le siége de l'inspection soit encore à Boulogne.

Archives municipales de Calais. — La ville de Calais est, sous le rapport des archives, mieux partagée que celle de Boulogne. Ses archives originales ne datent guère, il est vrai, que des premières années du xviie siècle, et encore laissent-elles beaucoup à désirer ; quant aux années qui ont précédé la prise de la ville par les Anglais, on possédait peu de matériaux, car, suivant toutes les probabilités, Calais, ne datant que du xiiie siècle, ses archives ne devaient contenir que fort peu de chose quand elle devint anglaise. Les documents qui concernent l'époque de l'occupation étrangère ne sont pas plus nombreux. Les Anglais centralisaient annuellement leurs écritures à la Tour de Londres ; lorsqu'ils durent abandonner leur précieuse colonie, ils emportèrent soigneusement ce qui pouvait encore s'y trouver de documents écrits. En 1596, les Espagnols, en s'emparant de Calais, mirent tous les papiers à feu. C'est donc à la Tour de Londres, à la Bibliothèque *Cottonienne* du *British Museum*, à *Carlton Ride*, à l'*Augmentation Office,* aux Archives dites du *Duché de Lancastre*, qu'il faut s'adresser pour compulser les titres qui intéressent Calais, comme ceux qui concernent Boulogne, et compléter les recherches de Bréquigny et de MM. J. et M. Delpit. De bonne heure, quelques hommes, que passionnait ce genre d'études, s'étaient mis en devoir de combler, dans la limite de leurs forces et de leurs ressources, les lacunes qu'ils regrettaient. Dès 1829, MM. Ch. de Rheims et Dufaitelle avaient reçu la mission d'explorer les dépôts cités plus haut ; en 1838, M. Pigault de Beaupré avait fait faire des copies de plusieurs chartes aux Archives départementales; en 1844, M. H.-J. de Rheims avait recueilli de nombreux documents sur les familles anglaises et françaises du Calaisis, en dépouillant les registres du *College of Herald*. Sous leur inspiration, et se fondant sur la dispersion des archives, M. Legros-Devot, alors maire, par un arrêté du mois de décembre 1845, forma une commission historique chargée de la recherche, du classement, de la conservation, de l'analyse et de la publication intégrale ou par extraits, des manuscrits, chartes et diplômes, anciens titres, cartes et plans, et de tous autres documents propres à établir ou à éclairer l'histoire de Calais.

Les documents que l'on a pu se procurer de la sorte enrichissent aujourd'hui la Bibliothèque publique de cette ville. En voici le sommaire :

1° Le relevé de cent soixante-dix-neuf titres analytiques de pièces qui intéressent Calais, copiés sur des cartes qui ont été prêtées par M. Martial Delpit, et extraites de différents dépôts de Paris et de Londres;

2° La copie due à M. Godin et à M. l'abbé Parenty, de trente-cinq pièces originales des xiiie et xive siècles, provenant des Archives départementales à Arras; la plupart de ces pièces concernent l'histoire financière de la ville ;

3° Le relevé de cent trente-cinq titres de pièces sur Calais, extraits de la collection manuscrite de Bréquigny, déposée à la Bibliothèque impériale ;

4° L'inventaire, dû à M. Martial Delpit, du sixième paquet de la correspondance relative à Calais, déposée au *State paper Office*, à Londres;

5° La copie due à M. Martial Delpit, du compte des baillis de Calais en 1268. La possession de cette pièce est d'autant plus importante, que l'administration municipale a déjà acquis les comptes des baillis de Calais en 1307, 1308, 1309, 1312, 1313, 1324 et 1326, provenant de l'importante collection Monteil;

6° L'inventaire certifié des titres de vingt-quatre plans et cartes de la ville et du port de Calais, qui se trouvent au dépôt général de la marine, à Paris, et qui ont été découverts par M. le maire de Calais;

7° La copie de portion de six de ces plans, concernant le port de Calais à diverses époques.

Il a fallu entretenir une correspondance avec l'Angleterre, la Belgique, Paris et Arras, pour réunir ces pièces et connaître la direction à donner aux démarches et aux investigations. Parmi les pièces étrangères à la ville, il faut citer les archives de l'ancienne abbaye de Licques, qui y furent apportées lorsque Calais devint chef-lieu de district, et qui n'ont été transférées à Arras qu'au commencement de cette année (1867).

Le corps d'archives de Calais n'a été inventorié que très-sommairement pour la partie antérieure à 1790; le dépouillement en est fait lentement et au fur et à mesure; bien des années s'écouleront sans doute avant qu'il ne soit achevé.

Jusqu'à présent, il n'a été entrepris pour Boulogne rien de semblable à ce qui a été fait pour Calais, au moins sur un plan bien tracé d'avance. Cependant, à l'époque où M. Martial Delpit explorait les diverses archives de Londres, le maire de Boulogne, M. Alex. Adam, s'était mis en rapport avec lui, afin d'obtenir des copies des pièces ayant trait à Boulogne, qui se trouveraient dans les dépôts anglais. Malheureusement, ce projet, ainsi que la mission elle-même de M. Delpit, n'a pas produit de résultats définitifs, comme tant d'autres entreprises de la même époque, si féconde d'ailleurs en travaux de toute sorte sur nos antiquités. Espérons que la nouvelle Société académique se fera bientôt un devoir de rendre ce service au pays et à la science.

Archives de Guines, Ardres, Étaples, Desvres, Samer, Marquise, etc. — Ces dépôts contiennent en général fort peu de chose ; la plupart des pièces qui devraient les composer sont dispersées chez des particuliers. Toutefois, les villes de Guines et d'Ardres réclament une mention moins sommaire, non pas qu'elles possèdent un corps d'archives, mais à cause de la patience et de l'activité remarquables avec lesquelles un citoyen du pays s'applique à en réunir les éléments épars. M. le docteur Cuisinier, de Guines, s'est mis en quête de tout ce qui, tant dans la ville qu'il habite que dans les communes environnantes, peut se rencontrer d'intéressant pour l'histoire du pays, et il a commencé d'en faire le dépouillement et d'en rédiger des extraits. Ce travail est aujourd'hui complet pour Guines, Ardres, Hames, Boucres (1).

Pour ce qui concerne la ville même de Guines, il y a fort peu de chose, par cette raison que, jusqu'en 1766 ou environ, cette localité n'avait pas de corps municipal, à cause de son peu d'importance ; pendant la période d'occupation anglaise, ce n'était qu'un poste militaire, une défense avancée de Calais. Quant aux titres de l'ancien

---

(1) M. Cuisinier possède déjà plusieurs volumes in-4°, tous écrits de sa main.

comté de Guines, il n'en existe aucune trace avant l'invasion anglaise, en ce qui touche au moins ceux qui pouvaient être conservés au château de Guines. Lors de la Révolution, beaucoup d'anciens titres paraissent avoir été brûlés, notamment ceux de quelques familles du pays, et ceux de l'ancienne baronnie d'Andres, qui furent livrés aux flammes, en présence d'un grand concours d'habitants, le 1er frimaire an II (1).

Du reste, la municipalité de Guines paraît, de son côté, vouloir suivre l'exemple donné par celle de Calais, et, sur la motion de M. Cuisinier, elle a voté un premier crédit de 300 fr. destiné à prendre des copies des pièces ayant trait à son histoire, en commençant par celles que renferme la collection dom Grenier.

Ardres est à peu près dans les mêmes conditions et ne possède que fort peu de chose. Une partie des titres les plus curieux de la contrée sont depuis longtemps entre les mains de la famille de Saint-Just. M. Courtois, membre distingué de la Société des Antiquaires de la Morinie, enlevé prématurément aux études d'histoire locale, avait réuni beaucoup de pièces concernant Tournehem, sa ville natale. Il mentionne également, dans sa préface de l'*Ancien Coutumier de Guines* et dans diverses communications faites à la Société des Antiquaires de la Morinie, les Archives municipales de ce bourg et celles de son église ; ces dépôts contiennent la majeure partie de ce qui existe encore des archives postérieures au xvie siècle ; toutes celles antérieures à cette époque ayant été détruites lors des siéges et destructions du château en 1542, 1552 et 1596. Quant aux autres chefs-lieux de cantons, tous

(1) *V.* aux pièces justificatives.

les titres les concernant, qui ont pu échapper aux nombreuses causes de destruction auxquelles ils sont d'ordinaire exposés, sont disséminés dans diverses archives ou dans les collections particulières.

Archives judiciaires notariales et autres. — Les Archives du Palais de Justice, à Boulogne, sont, comme toutes celles du même genre, livrées au désordre et à l'abandon; elles contiennent cependant une foule de documents précieux, entre autres, les Archives de la sénéchaussée depuis 1560, et pour les xviie et xviiie siècles, les Archives des bailliages de Boulogne, Desvres, Londefort, Bellefontaine, Étaples, avec quelques pièces provenant de diverses justices seigneuriales, de la maréchaussée, de l'amirauté, etc. MM. d'Hauttefeuille et Bénard, à la suite de leur *Histoire de Boulogne*, ont donné la liste des actes les plus intéressants pour l'histoire du pays. C'est, et ce sera sans doute de longtemps, le seul inventaire que l'on pourra consulter avant d'aller s'enfouir dans les fatras du greffe pour y découvrir à l'aventure quelques nouvelles pièces dignes d'éveiller l'attention.

Il n'existe pas pour le Boulonnais de dépôt particulier pour les minutes des anciens tabellionnages; elles sont confiées à la garde des notaires en exercice. L'*Almanach de Picardie* de 1776, page 214, donne la liste des anciens notaires de Boulogne, dont les minutes étaient à cette époque conservées dans les études des notaires de cette ville. Une courte notice, insérée dans l'*Almanach de Calais* de 1863, nous apprend que cette ville n'a possédé de notaire que huit ou dix ans après la réoccupation; les plus anciennes minutes ne remontent qu'à 1566. La création de deux notaires royaux à Guines, date de septembre 1581

(Arch. Imp., sect. jud. Reg. U, 1018), mais il ne paraît pas qu'il existe des minutes de cette époque.

De même que les Archives notariales, celles des fabriques, des hospices, sont riches en renseignements curieux sur les familles, sur les propriétés, sur l'état des personnes, des terres, de l'industrie et du commerce, sur la vie municipale et la vie intime pendant les siècles écoulés (1).

Ainsi qu'on a pu le remarquer, ces nombreuses sources de documents originaux sont disséminées en cent endroits différents, et généralement la confusion y règne en maîtresse absolue. Il est de l'intérêt de la science qu'un pareil état de choses prenne au plus tôt une fin, sinon une partie de ces dépôts aura bientôt cessé d'exister. Dans plusieurs villes, des dispositions ont été prises pour en assurer la conservation, mais ce n'est encore là que l'exception. Il y a longtemps déjà, cependant, que cette question a éveillé la sollicitude de l'administration supérieure, et des mesures ont été adoptées par le ministère de l'intérieur pour favoriser autant que possible le transport de toutes ces pièces dans les Archives départementales. Un grand nombre y ont en effet été déposées dans ces derniers temps ; mais nous touchons sur ce point à un autre écueil, et il est à craindre qu'en voulant remédier au désordre et prévenir la destruction, on ne soit amené, dans un sens

(1) *V.* sur la question des Archives : 1º *De la nécessité d'une constitution régulière des Archives communales en France, 1re et 2e lettre à M. Aug. Thierry*, par M. F. Morand, juillet et novembre 1838 ; 2º *De la nécessité et des moyens de donner une constitution régulière aux Archives communales en France*, par le même, mars 1839 ; 3º *Mémoire sur l'importance pour l'histoire intime des communes de France, des actes notariés antérieurs à 1790*, par M. Gustave Saint-Joanny ; Thiers, 1861, in-4º.

opposé, à un résultat qui ne serait guère moins fâcheux :
il pourrait se faire que, pour vouloir trop bien assurer la
conservation des archives locales, on n'en vienne à une
sorte de séquestration, et qu'on n'en rende l'usage à peu
près aussi difficile que par le passé. S'il en était ainsi, ce
système serait de tout point préjudiciable au développement des études dont nous nous occupons. Le sujet prête
à bien des observations; qu'il me soit donc permis, sur
cette question si intéressante des archives et des moyens
laissés à la disposition des travailleurs, d'en présenter
quelques-unes; elles trouvent d'ailleurs ici leur place
toute naturelle, et cette digression a trait directement à
mon sujet.

La voie dans laquelle est entrée l'administration me
paraît dangereuse, les mesures dont il vient d'être question
exagérées, et les résistances qu'elles rencontrent dans
l'application me semblent prouver que, vouloir centraliser
au chef-lieu tous les titres, c'est en réalité en déshériter
les arrondissements, sans profit pour qui que ce soit, en
même temps que nuire aux études que l'organisation de
ce service a, dans la pensée de ceux qui l'ont créé, pour
premier objet d'encourager. Que les Archives de la préfecture réunissent toutes les pièces concernant le département tout entier, rien de mieux : mais on peut croire
plus naturel et plus logique de laisser au chef-lieu de
chaque arrondissement toutes celles qui ont un intérêt
local ; elles y seront plus fréquemment et surtout plus
facilement consultées par les travailleurs que la centralisation administrative ne force pas, eux, à aller s'établir
au chef-lieu du département. Quoi de plus rationnel que de
grouper au chef-lieu de sous-préfecture, dans un local
spécial, les Archives judiciaires et celles des notaires, à

côté même, si l'on veut, ce qui serait encore mieux, des Archives municipales ?

La création d'Archives d'arrondissement est en corrélation directe avec l'organisation même des arrondissements, lesquels ont été établis en vue de réunir tous les services administratifs, judiciaires, et même d'instruction publique, qui répondent aux plus impérieux besoins des populations, dans des centres assez rapprochés d'elles pour que la satisfaction n'en soit pas gênée par de trop grands déplacements, non plus que par les frais et les pertes de temps qui en seraient la conséquence. Les Archives constituent un service qui, pour n'être pas d'un usage aussi journalier que celui de la sous-préfecture ou du tribunal, n'en tient pas moins sa place dans les besoins publics. Ne parlons même pas, pour un instant, des Archives judiciaires et notariales que, fort heureusement, le zèle des archivistes départementaux ne parvient qu'à grand'peine à entamer, et ne nous occupons que de celles plus particulièrement appelées historiques, presque complétement perdues, dans l'état actuel, pour les arrondissements. N'est-il pas démontré, par l'expérience faite à l'endroit des Archives départementales, que les facilités d'y pénétrer et d'y faire des recherches en développent singulièrement l'usage ? Mes observations recevront quelque autorité sur ce point de l'opinion consignée dans un rapport adressé au roi, le 8 mai 1841, par le ministre même de l'intérieur, qui le premier s'est occupé de cette matière d'une façon profitable pour le public : « Je pense, y est-il dit, qu'il serait avantageux pour l'administration, pour les familles, pour la science historique, de publier des extraits étendus des inventaires. Si beaucoup d'archives paraissent n'avoir jamais provoqué l'intérêt public, c'est parce qu'on n'a pas connu l'utilité qu'elles peuvent offrir, ni même ce qu'elles contiennent. Les Archives de l'ancienne chambre des comptes de Lille ont été fréquentées par le public érudit, avec une assiduité précédemment inconnue, depuis qu'une simple notice de l'archiviste a donné l'éveil. » (Rapport de M. Duchatel.)

Mais rien ne prouve mieux, non-seulement l'utilité, mais encore la nécessité des Archives d'arrondissement, que l'état des Archives judiciaires et notariales, et l'impossibilité de les transférer au chef-lieu du département. Ce n'est pas qu'on n'ait fait déjà bien des efforts dans ce sens : on a proposé qu'il fût enjoint aux notaires d'effectuer le dépôt de leurs minutes antérieures à 1789 aux Archives du département, et l'administration, tout en reconnaissant qu'il serait impraticable de réunir en un dépôt unique tous les actes intéressant les communes, a pensé qu'il y avait lieu de prendre des mesures pour favoriser autant que possible la translation des anciens actes notariés dans les Archives départementales (1).

Il est vrai que tout reste encore à faire en ce qui concerne les Archives notariales; mais avant tout il faut bien se garder que le désir fort louable de réformer un état de choses mauvais ne conduise à des dispositions encore plus préjudiciables peut-être aux intérêts publics que cet état lui-même. Il y a de très-grands inconvénients à laisser les anciennes minutes en la possession individuelle des notaires de chaque arrondissement. D'abord elles n'y sont la

(1) *V.* la brochure de M. Saint-Joanny citée plus haut. Émettant son avis sur cette proposition, la Société des Antiquaires de Morinie, séance du 1er juillet 1861, a pensé, après une longue discussion, que les chefs-lieux d'arrondissement devraient être préférés comme étant plus à la portée du public.

plupart du temps l'objet d'aucun soin : un coin dans la cave ou dans le grenier, voilà généralement le seul local qui leur soit affecté ; en outre, les titulaires actuels n'étant pas le plus souvent les successeurs directs des titulaires des anciens tabellionnages et notariats, par suite de la suppression faite à diverses époques de beaucoup de ces offices antérieurs à la réorganisation de cette profession, par la loi du 25 ventôse an XI, il a fallu partager toutes les anciennes minutes entre ceux de ces fonctionnaires dont les titres d'offices ont été maintenus. Ce partage a été, dans beaucoup de cas, fait d'une façon si arbitraire, qu'il est arrivé fréquemment que les minutes d'un même tabellionnage se sont trouvées réparties entre plusieurs études ; j'en pourrais citer plus d'un exemple. Ainsi s'est produite une dissémination tout à fait fâcheuse des anciens actes. En outre, ces actes sont bien moins accessibles pour ceux qui, à un titre quelconque, sont intéressés à les consulter dans les études des notaires, qu'ils ne le seraient dans un dépôt public. Les notaires, en effet, tant à cause de la responsabilité que la loi leur impose, qu'à cause des difficultés presque insurmontables qui s'opposent à ce que ces vieux titres soient utilement compulsés dans les réduits où ils gisent, se portent très-difficilement à en accorder la communication.

Bien qu'ils soient trop rarement consultés, l'utilité de ce genre de documents, au point de vue historique, est trop bien appréciée par tous ceux qui s'occupent de ces études, pour qu'il y ait à insister. Il en est de même des Archives des greffes, pour lesquelles les obstacles sont identiques ; les papiers en sont moins disséminés, comme nous l'avons vu, parce que ces offices sont bien moins nombreux que ceux des notaires, mais le désordre y est aussi grand, l'impossibilité d'y rien découvrir en l'absence de tout semblant de classement aussi absolue.

Entre les obstacles qui interdisent toute pensée de transférer au chef-lieu de préfecture les Archives judiciaires et notariales et les inconvénients de les abandonner à la destruction, et, pour les dernières plus particulièrement, de les laisser disperser dans toutes les études du ressort, se place un moyen terme, c'est de les réunir au chef-lieu de l'arrondissement, et de former du tout un seul établissement. Ainsi se trouverait naturellement créé un dépôt, auquel viendraient s'adjoindre les Archives administratives de la sous-préfecture, celles des communes, des hospices, des églises, des établissements publics de toutes sortes.

Ce plan n'est d'ailleurs point une innovation; il est au contraire dans l'esprit de la loi du 10 mai 1838 et des circulaires ministérielles qui l'ont développée, et notamment de celle du 24 avril 1841. Il y est fait une distinction entre « les documents qui, d'après leur nature et leur origine, *appartiennent au dépôt central de la préfecture*, et qu'il convient d'y faire réintégrer, » et les Archives des communes et des hospices, à l'égard desquelles le ministre se borne à prescrire des recommandations pour qu'elles soient maintenues dans un ordre convenable. Le ministre a soin d'ajouter : « Je crois devoir, toutefois, vous recommander de ne faire déplacer, soit en totalité, soit en partie, aucun dépôt local d'archives, sans avoir obtenu à cet effet mon assentiment, que je donnerai sur la demande que vous m'en ferez, en me fournissant des explications développées sur l'objet et les motifs du déplacement proposé. » Ce qui implique évidemment le droit pour les intéressés de s'opposer, par les voies régulières, à tout déplacement de dépôts; d'où il résulte aussi qu'en principe, ces sortes d'archives doivent rester attachées aux établissements qu'elles concernent, et que leur translation possible au chef-lieu de préfecture ne constitue qu'une exception.

Toutefois, le droit de proposition laissé à l'autorité départementale en ce qui touche cette translation expose les archivistes à une bien grande tentation; et, en fait, les instructions qui leur sont données, aussi bien que leurs tendances personnelles, les dirigent dans une voie où l'intérêt bien entendu de la science prescrit de les arrêter au plus tôt; dans leur zèle fort louable en principe, ils n'ont qu'un but, celui de rendre le dépôt confié à leurs soins aussi imposant que possible; dans cette visée ils voudraient y concentrer tout ce qui peut, dans leur circonscription, se rencontrer de vieux papiers antérieurs à 1789, sans se préoccuper assez des intérêts que doit blesser cette centralisation à outrance. Qu'ils prennent cependant un peu patience; grâce à nos habitudes de paperasserie dont nos arrière-neveux, quand ils voudront étudier sur le vif notre civilisation, nous sauront peut-être gré un jour, avant qu'il soit un siècle, tous les locaux affectés aux Archives départementales, même ceux qui ont été récemment édifiés en prévision de besoins fort étendus, seront insuffisants à contenir les archives modernes, c'est-à-dire la masse de registres, de liasses et de dossiers qui viennent chaque année s'entasser dans ces dépôts.

La grande objection est qu'il faut centraliser le service afin d'en assurer l'unité, et que les dépôts d'arrondissement étant complétement négligés, les richesses qui s'y trouvent ne profitent à personne, parce qu'il est impossible d'y accéder au milieu de leur désordre.

Sur ce point, l'objection est spécieuse ; mais le remède proposé n'est pas celui qu'il conviendrait d'appliquer. Le mal existe, c'est incontesté ; et il faut reconnaître que si l'administration a été amenée à vouloir réunir tous les anciens titres au chef-lieu du département, la faute en est aux communes qui se sont toujours montrées peu soucieuses de leurs archives ; mais ne sait-on pas aussi que la crainte de se voir enlever des titres auxquels elles tiennent en définitive les a, dans bien des cas, empêchées d'y mettre un ordre nécessaire, afin d'éviter précisément de donner l'éveil à l'archiviste sur l'existence de documents qu'il pourrait être tenté de s'approprier pour son trésor ? Et, quant à l'unité de direction, n'existe-t-elle pas, puisque les archivistes attachés à la préfecture ont la haute surveillance sur toutes les archives de leur ressort ? Tous leurs soins, jusqu'à présent consacrés au dépôt central, plus particulièrement confié à leur garde, n'ont pas encore pu arriver à en débrouiller le chaos ; que serait-ce donc s'ils quadruplaient, décuplaient même, le nombre des pièces à classer (1) ?

Mais, dira-t-on, les frais d'installation grèveraient peut-être les villes où devraient être établies ces Archives d'arrondissement et elles refuseraient souvent d'y pourvoir ! Il ne faut pas d'abord perdre de vue qu'il s'agirait ici d'une création intéressant l'arrondissement, et que par suite la ville qui en est le chef-lieu n'aurait à contribuer à la dépense que pour la part applicable à ses Archives communales. Quant aux autres fonds qui devraient avec elles constituer le dépôt, ils se composent des Archives

(1) Il y a vingt-cinq ans que l'autorité supérieure demande aux archivistes des inventaires sommaires ; on sait à quel point ils en sont.

judiciaires et des Archives notariales appartenant à des institutions dépendant du ministère de la justice ; des Archives administratives et de celles des établissements publics dépendant du ministère de l'intérieur. La contribution à la dépense d'ailleurs fort minime, puisque, l'installation une fois faite, il n'y aurait plus qu'à pourvoir aux appointements d'un archiviste et à quelques frais de bureau, serait de la sorte peu lourde à supporter par chacun des intéressés (1). Si ceux-ci refusaient d'y coopérer, le dépôt dans les Archives de la préfecture deviendrait indispensable pour tous les anciens titres sans exception.

Ces Archives d'arrondissement auraient encore un autre avantage : ce serait de rendre plus facile la réunion de bien des titres qui se perdent journellement ou demeurent ignorés entre les mains de leurs détenteurs, ce qui est bien près d'être la même chose. Nous avons vu que les anciennes Archives de Boulogne avaient autrefois reçu des seigneurs des environs, des monastères, de divers établissements, le dépôt de leurs titres. Il en serait sans doute de même aujourd'hui. Par suite de la division de la propriété, du morcellement des domaines des anciens seigneurs, un grand nombre de parchemins, n'offrant plus de nos jours qu'un intérêt historique, ont été dispersés. Encore aujourd'hui beaucoup de possesseurs peu soigneux détruisent ou vendent au poids ces parchemins qui ne représentent pour eux aucune valeur. Cette destruction regrettable ne se produirait pas s'il existait plus près d'eux un dépôt pour les recueillir. L'archiviste serait lui-même mieux placé pour rechercher ces pièces, ayant pour exer-

---

(1) Les droits de recherche et de copie produisent d'ailleurs un certain revenu.

cer son activité un rayon moins étendu. Ainsi pourraient se reconstituer des chartriers particuliers, et beaucoup tiendraient à honneur d'avoir dans la salle des Archives d'arrondissement un casier portant leur nom ou celui de leur terre, dans lequel leurs titres seraient soigneusement classés et étiquetés pour être à tout instant à la disposition de la science, sans cesser pour cela de leur appartenir.

Bibliothèques publiques et privées. — Bien que des mesures analogues puissent aussi utilement s'appliquer à l'organisation des Bibliothèques publiques (1), les arrondissements sont, sur ce point, moins déshérités, et l'on a mieux respecté les droits de propriété des communes. Aussi, dans la plupart des chefs-lieux de sous-préfecture, et même dans beaucoup de chefs-lieux de canton, ces collections ont-elles un service régulier, et s'accroissent-elles d'une manière remarquable ; elles sont toutes à peu près pourvues d'un catalogue qui facilite les recherches. L'administration supérieure a même commencé, en 1841, la publication d'un catalogue général de tous les manuscrits contenus dans les Bibliothèques publiques des départements (2). Il n'est en outre pas douteux que la création d'un dépôt de ce genre et un travail sérieux entrepris à ce sujet ne mettent au jour une quantité de pièces qui

(1) Beaucoup de petites localités possèdent des fonds peu importants de livres de diverses provenances : presque tous sont simplement renfermés dans des caisses, et par conséquent hors d'usage. Comme complément des Archives d'arrondissement, il serait opportun de réunir à la Bibliothèque du chef-lieu de sous-préfecture toutes ces petites collections, tout en leur laissant leur individualité.

(2) *Ordon. roy.* du 3 août 1841. C'est encore un projet qui n'a reçu qu'un commencement d'exécution.

seraient sans cela à jamais inconnues, et dont le nombre formera un ensemble assez considérable.

Bibliothèque de Boulogne-sur-Mer. — Fondée en 1797 pour le service de l'École centrale, placée à Boulogne grâce à l'influence, alors prépondérante, du Boulonnais Daunou, cette Bibliothèque s'est formée à cette époque comme toutes les bibliothèques publiques de la France, de livres choisis dans le dépôt central du département, à Arras, où étaient venues se confondre les bibliothèques des couvents supprimés, des évêchés, des chapitres, des émigrés ; de livres restés à Boulogne même, et provenant en majeure partie, soit de l'évêché, soit de l'Oratoire, soit et surtout du grand séminaire, tenu jusqu'à la Révolution par des prêtres de la congrégation des Missions étrangères. La direction de cet établissement a été confiée à cette époque à M. Isnardi, qui l'a conservée depuis 1797 jusqu'en 1830, année de sa mort.

Depuis cette première fondation elle s'est enrichie des dons du gouvernement et des particuliers, et des libéralités de la ville qui n'a pas cessé, depuis le commencement du siècle, d'inscrire chaque année à son budget une somme, pour acquisition et reliure de livres, variant de 1,000 à 2,500 fr., et qui a maintes fois accordé pour cet objet des crédits extraordinaires avec une générosité qui l'honore.

La Bibliothèque se compose aujourd'hui de quarante mille volumes imprimés, au nombre desquels se distinguent une centaine de beaux incunables ; elle possède en outre quatre cents manuscrits, dont plusieurs n'ont que peu d'égaux comme beauté de l'écriture ou richesse des miniatures et des lettrines historiées dont ils sont ornés.

Elle est également riche en documents manuscrits et imprimés sur l'histoire locale. L'exploitation de toutes ces ressources est rendue facile au moyen d'un bon catalogue méthodique, comprenant, avec les suppléments, cinq volumes in-8°, publiés aux frais de la ville; il est dû au bibliothécaire actuel, M. Gérard, qui, non content de l'avoir complété par d'utiles notes bibliographiques, et de mettre tous ses volumes avec un bienveillant empressement à la disposition des chercheurs, se fait encore un plaisir de les aider de ses lumières et de son expérience. Cet ami désintéressé de la science a créé, dans l'établissement qu'il dirige avec tant de sollicitude depuis 1831, un recueil de pièces de toute nature ayant trait au Boulonnais, dont les cartons s'emplissent rapidement par ses soins intelligents. Je n'indique pas ici les plus curieux trésors que renferme ce dépôt, leur place naturelle est dans la Bibliographie.

Bibliothèque de Calais. — La création de cette Bibliothèque date de 1795. Le premier fonds en fut formé de sept mille volumes environ, provenant des maisons des Minimes et des Capucins de la ville, et de ceux confisqués sur les émigrés; la revendication que ces derniers en firent plus tard, le transfert d'un certain nombre de volumes à l'École centrale de Boulogne, en réduisirent beaucoup le nombre, et en 1819 la Bibliothèque n'en possédait plus que deux mille cent quatre-vingt-seize. Les dons du gouvernement et de quelques personnes éclairées sont venus réparer ces pertes. M. Pigault-Maubaillarcq, les héritiers de M. Blanquart de Septfontaines, M. Leveux, maire de Calais, M. Jacques, commissaire de marine, ont successivement contribué à enrichir la Bibliothèque, qui,

entre les mains de M. de Rheims, a atteint le chiffre de dix
mille volumes. Pendant plusieurs années l'allocation de
la ville s'est élevée de 15 à 1,800 fr. ; mais l'allocation
actuelle, réduite à 500 fr. par an, ne permet plus qu'elle
prenne un accroissement aussi rapide que par le passé ; sur
cette somme il faut prélever les frais d'entretien, reliure
et fournitures de bureau. Le catalogue est manuscrit (1).

Bibliothèques diverses. — Les villes de Guines, Etaples,
Ardres, possèdent aussi de petits dépôts où l'on trouvera
çà et là quelques volumes à consulter.

En dehors du pays les Bibliothèques d'Arras, Amiens,
Montreuil, Saint-Omer, présenteront toutes quelques documents intéressants à recueillir, que j'ai pour la plupart
mentionnés dans ma Bibliographie ; celle de Saint-Omer
surtout, devrait offrir aux travailleurs une réunion très-
riche d'imprimés, et surtout de manuscrits ; on devrait y
retrouver presque entiers les fonds des anciennes abbayes
de Saint-Bertin, de Notre-Dame de Clairmarais. De tout
temps les seigneurs du pays avaient favorisé les *librairies*
de ces établissements religieux. « Baudouin IX protégea
spécialement la Bibliothèque de Saint-Bertin ; grand amateur des lettres, il avait, avant son départ de Flandre,
chargé plusieurs savants de recueillir tous les documents

(1) *V.* le *Rapport* sur la Bibliothèque de la ville de Calais, adressé
à M. Legros-Devot, maire de Calais, par M. J.-H. de Rheims, bibliothécaire et archiviste de la ville de Calais; Calais, Le Roy, 1844, 17 p.
in-4°. Ce rapport détaillé, contient une description complète des manuscrits que possède ce dépôt, et des renseignements bibliographiques
précieux.

V. aussi *Bulletin de la Soc. de l'Hist. de France*, t. II, p. 429, et
Bibl. hist. et monum. de la Picardie et de l'Artois, par M. Roger,
p. 127.

qui pourraient intéresser l'histoire de son pays... Le
monastère de Saint-Bertin possédait les matériaux historiques les plus précieux de tout le nord de la France. Les
annales, les chroniques et les cartulaires de Saint-Bertin,
centre des relations spirituelles du pays, au midi de la
Flandre, doivent être rangés, d'après l'opinion du savant
Warnkœnig, parmi les sources les plus importantes de
l'histoire des premiers temps du moyen âge (1). » Il y
avait encore d'autres bibliothèques à Saint-Omer, celle de
la Chartreuse de Longuenesse, du séminaire diocésain,
du collége anglais. Comment ces réunions considérables
de volumes ont-elles été dispersées à la Révolution, et
que sont devenus les ouvrages qui les composaient? C'est
un problème que n'a pas pu résoudre, malgré ses nombreuses recherches, le savant M. Piers, qui a consacré
bien des veilles à l'histoire et à la description du dépôt
dont il a eu la garde pendant plusieurs années.

Il serait du reste bien difficile d'énumérer toutes les
bibliothèques publiques où l'on pourrait rencontrer des
pièces curieuses sur tel sujet donné. Ce sont des trouvailles qui se font au moment où on s'y attend le moins;
c'est ainsi qu'on devra consulter à la Bibliothèque de la
faculté de médecine de Montpellier, parmi les manuscrits
de Guichenon, une généalogie des comtes de Boulogne,
une autre de la maison d'Ardres, et divers titres relatifs à
des comtes de Boulogne.

(1) *Notice historique sur la Bibliothèque publique de la ville de
Saint-Omer*, par M. H. Piers, p. 9 et 10; Lille, veuve Libert-Petitot,
in-8°, 1840. Cette brochure, très-consciencieusement faite et qu'on lira
avec fruit, est suivie d'un *Aperçu sommaire des Bibliothèques publiques du Pas-de-Calais*, et d'une *Note sur les Archives de la ville
de Saint-Omer*. Le même auteur a donné un *Catalogue* raisonné des
manuscrits de la Bibliothèque de Saint-Omer.

Mais on compulsera surtout utilement quelques bibliothèques et collections particulières formées de longue
main et transmises de père en fils par des amateurs dont
l'étude de l'histoire locale était la distraction favorite. Il
n'est pas rare que ces dépôts contiennent des trésors qui
restent inconnus au plus grand nombre des travailleurs,
et sont, en quelque sorte, perdus pour la science et les
lettres, quand leurs détenteurs n'en tirent pas eux-mêmes
parti. De temps à autre, des catalogues de ventes particulières nous révèlent l'existence de quelques-unes de ces
richesses; mais c'en est la moindre partie; une quantité
de pièces, intéressantes à divers points de vue, soit originales, soit copies, quelquefois très-rares elles-mêmes,
d'originaux difficiles à consulter ou perdus, dorment ainsi
dans des cartons oubliés, sans que trop souvent ceux qui
les possèdent connaissent le prix de trésors amassés par
leurs ancêtres. Trop souvent aussi, ce n'est qu'avec peine
que l'on peut vaincre leur répugnance, non-seulement à
en donner communication, mais à les faire même connaître. Quoi qu'il en soit, du reste, le défaut de notoriété
de ces documents est à lui seul un préjudice considérable
pour la science. En position, mieux que personne, par ses
goûts et ses relations, de connaître l'importance des bibliothèques particulières du pays, et les ressources qu'elles
offrent aux hommes d'étude, et désireux de les en faire
profiter, M. Gérard avait entrepris d'en rédiger un catalogue, qui devait être placé à la suite de celui de la Bibliothèque communale, dont il est l'auteur. Ce travail était
en pleine voie d'exécution, lorsqu'il a dû s'arrêter. Il est
difficile d'expliquer les obstacles qui ont été apportés à la
réalisation de cette excellente idée. Il y a bien des années,
l'archiviste distingué que le département du Nord a perdu

depuis, M. Leglay père, a publié une description des bibliothèques publiques et particulières de ce département; ce
travail, qui a valu à son auteur les éloges les plus mérités,
est cependant bien incomplet, comparé à celui dont
M. Gérard voulait doter l'arrondissement de Boulogne.

Parmi les collections particulières dont je viens de
parler, je citerai comme étant les plus dignes d'être
consultées : la Bibliothèque de l'institution dirigée par
Mgr Haffreingue, où se retrouvent quelques livres de la
Bibliothèque de l'ancien évêché; celles de MM. Abot de
Bazinghen, à Boulogne-sur-Mer; de M. le comte de Clocheville, au Pont-de-Briques; de M. le marquis de Cou-
pigny, à Courset, ancienne Bibliothèque du célèbre bota-
niste Dumont de Courset; de M. Latteux, au Denacre; les
cabinets de MM. Fr. Morand, à Boulogne; G. Souquet, à
Etaples; Henneguier, à Montreuil; de Rheims, à Calais,
qui possède entre autres la collection volumineuse de
Morel-Disque, ancien bibliothécaire comme lui de la ville
de Calais. Ces collections renferment toutes, soit des pièces curieuses, soit des notes et des renseignements nombreux par eux recueillis au cours de leurs études spéciales.

Le docteur Cuisinier, de Guines, est aussi un infatigable
collectionneur qui a réuni en imprimés et manuscrits relatifs à sa petite ville à peu près tout ce qu'il est possible de
trouver. Il y avait aussi autrefois à Calais plusieurs bonnes
bibliothèques particulières qui se sont trouvées dispersées
à la mort de leurs propriétaires : celles de M. Pigault de
Beaupré, docteur Boulanger, Blanquart de Septfontaines,
Legros-Devot, Dufaitelle; cette dernière surtout contenait
des documents fort intéressants, dont quelques-uns sont
venus enrichir la Bibliothèque de la ville de Saint-Omer et
celle de la Société des Antiquaires de la Morinie.

Il ne faut pas oublier non plus celle qu'a formée et qu'augmente sans cesse M. le baron Dard, à Paris.

Un savant natulariste de Boulogne, M. Bouchard-Chantereaux, possédait une bibliothèque considérable et des plus riches en livres de géologie et de paléontologie. Elle a été vendue aux enchères au mois d'août 1865, après le décès de son possesseur.

La Bibliothèque de Boulogne y a acquis une partie des ouvrages spéciaux qui lui manquaient. Il n'a pu en être de même de sa riche collection géologique et paléontologique ; le Musée de Boulogne a dû la céder à celui du Havre, qui s'en est rendu acquéreur moyennant 12,000 fr. ; elle faisait d'ailleurs, pour la grande pluralité des échantillons, double emploi avec la sienne propre.

Collections scientifiques et archéologiques. — Les collections scientifiques et archéologiques présentant des ressources précieuses pour les études qui nous occupent, j'en dirai aussi quelques mots. Je viens de parler du Musée de Boulogne : cet établissement, dont la fondation ne remonte qu'à 1825, contient déjà, sans parler de la partie consacrée à l'histoire naturelle, aux curiosités ethnographiques et autres, deux collections minéralogiques et archéologiques. Il se divise en onze galeries, se composant des échantillons de tous les minéraux du pays et de tous les débris des premiers âges du monde que la géologie a mis au jour ; trois de ces galeries sont consacrées aux antiquités, parmi lesquelles figurent au premier rang les antiquités découvertes dans les fouilles de Chatillon, de Dannes, de Bréquerecque, d'Echinghen et d'autres endroits ; quantité d'objets recueillis dans ce pays, se rattachant surtout au séjour des Romains, et dont les travaux du chemin de fer de Calais ont récemment augmenté le nombre (1); on y trouve de précieux restes de l'époque morinienne, et même d'une époque où le nom même de la Morinie n'existait pas encore; on y remarque aussi une collection très-curieuse de monnaies, parmi lesquelles un certain nombre de monnaies des comtes de Boulogne. La section numismatique contient plus de cinq mille pièces.

Cette section du Musée de Boulogne doit beaucoup à la sollicitude que met M. l'abbé Haigneré à rechercher tous les objets qui peuvent l'enrichir.

Le Musée de Calais ne contient que quelques médailles et quelques débris de poterie découverts aux environs. Ceux d'Arras et de Saint-Omer sont beaucoup plus riches; le dernier surtout possède un assez grand nombre de médailles et d'objets intéressant l'archéologie de la Morinie (2).

Parmi les collections particulières, je citerai, pour les antiquités, celles de M. de Bazinghen, de M. G. Souquet, à Étaples. Cette dernière s'est enrichie de la majeure partie des objets découverts sur l'emplacement de ce que l'on croit être l'ancien Quentovic; pour la numismatique, celles de MM. Boidin et Alp. Lefebvre, à Boulogne; celles de MM. l'abbé Leroy-Duroyer, à Desvres, et Durand, à Calais; et hors du pays, celles de M. Deschamps de Pas, numismate distingué, auteur de plusieurs ouvrages spéciaux; de M. Octave Hermand, fils du savant Alexandre Hermand,

---

(1) Fouilles de Hardenthun. *V.* le *Catalogue* des Antiquités mérovingiennes du Musée de Boulogne, rédigé par M. l'abbé Haigneré.

(2) M. de Linas a donné une *Notice* sur les Musées du département du Pas de-Calais, insérée dans l'*Annuaire* de ce département, 4e année, p. 414, Musées de Calais et Saint-Omer; 5e année, p. 363, Musées de Boulogne et Arras.

auquel la science doit plusieurs bons écrits; et celle de M. Adolphe Dewisme, tous trois à Saint-Omer; le cabinet de ce dernier notamment contient des pièces précieuses pour la numismatique du Boulonnais, entre autres des monnaies de Calais pendant la domination anglaise, une série de monnaies émises à Quentovic, soit par les rois de France, soit par les Normands (1); enfin le cabinet de M. Cousin, à Dunkerque.

On voit quels obstacles se dressent sur la route qu'ont à parcourir les hommes désireux de réunir quelques-uns des fragments épars de l'histoire provinciale, et fonder ainsi les bases solides de l'histoire générale de notre patrie. Si la tâche est, sous certains rapports, plus difficile pour notre province que pour beaucoup d'autres, à cause des circonstances spéciales dans lesquelles elle s'est trouvée placée, les mêmes causes ont fait aussi qu'il se rencontre pour elle, en compensation, des ressources particulières. En effet, on a toujours pensé, et avec raison, qu'un pays dont, ainsi qu'il est arrivé pour la Picardie, et surtout le Boulonnais, le Calaisis et les territoires en dépendant, les rapports avec l'Angleterre ont été si intimes et si prolongés, devait avoir beaucoup de ses titres communs avec cette nation. Telle est effectivement leur condition; l'histoire des deux pays s'est trouvée pendant de longues années mêlée sur ce coin de la France. Mais on avait été plus loin, et l'on avait accusé nos anciens ennemis de nous avoir ravi et d'avoir transporté chez eux les titres des localités qu'ils y ont plusieurs fois occupées (2).

---

(1) Le catalogue raisonné en a été publié l'an dernier à Saint-Omer; impr. Fleury-Lemaire, gr. in-8°, 17 pl.

(2) Une sorte de légende, reproduite dans plusieurs recueils, et entre autres dans les ouvrages du littérateur calaisien La Place, attribue à

Plût au ciel qu'ils eussent agi de la sorte : nous n'aurions pas à déplorer tant de lacunes, et il nous serait resté la consolation de prendre chez eux copie des actes qui nous font défaut. J'ai dit plus haut quelques mots de l'opinion répandue pendant longtemps, d'après laquelle les Archives de Boulogne, antérieures à 1544, avaient été enlevées par les Anglais après la prise de la ville. Mais si l'on a dû renoncer définitivement à l'espoir de découvrir ces précieuses dépouilles chez nos voisins, ils peuvent encore nous ouvrir d'autres mines, des plus riches, à exploiter. Calais, sa banlieue, le comté de Guines, toute la petite région qui a conservé le nom de *Pays reconquis*, avaient, pendant deux cents ans, vécu sous la domination anglaise ; le Boulonnais avait été pendant des siècles le théâtre de faits importants, qui rattachaient ses annales à celles de l'Angleterre. C'étaient là de sérieuses raisons pour aller scruter les Archives de ce royaume, où l'on devait retrouver, comme l'événement l'a prouvé, des renseignements indispensables à l'histoire de toute cette partie de la Picardie pendant une aussi longue période.

« S'il faut s'en rapporter aux savants auteurs du *Nouveau Traité de diplomatique,* la première mission scientifique envoyée par le gouvernement français en Angleterre remonterait à l'année 1674. Selon ce témoignage,

Cromwell le dessein de céder à la France tous les documents relatifs à la domination anglaise sur notre territoire, moyennant une somme que Mazarin aurait trouvée trop forte pour accepter son offre. Il serait difficile d'administrer la preuve de ce fait, mais il paraît vraisemblable ; Cromwell a donné à cette époque assez de gages de son désir de cimenter une alliance avec la France, pour qu'il soit facile d'admettre qu'il ait offert de lui céder des titres qui n'avaient plus qu'une valeur historique, et qui paraissaient avoir assez peu d'importance aux yeux des deux hommes d'État, pour que l'un n'ait pas hésité à les offrir, et l'autre ait refusé de les acquérir à prix d'argent.

Louis XIV aurait chargé MM. Esnault et Leprévost, seigneur de Bécherel, d'aller copier en Angleterre quelques titres dont il avait besoin (1). »

« En 1764, le préjugé qui nous faisait supposer que les Anglais ont autrefois emporté nos archives (après la bataille de Fréteval) engagea le gouvernement français à confier à Bréquigny une des missions littéraires les plus importantes dont l'histoire ait gardé le souvenir (2). » Il visita l'Échiquier, le Musée Britannique, la Tour, et fit transcrire, avec l'aide de ses employés, environ douze mille documents. Il rendit compte de ses recherches dans un Mémoire lu à l'Académie des inscriptions, le 7 avril 1767. Sa collection est aujourd'hui à la Bibliothèque Impériale, département des Manuscrits; elle contient cent cinquante documents relatifs aux rôles français et de Calais (t. LIII), de 1345 à 1446, et trois cent cinquante-trois pièces concernant la Picardie, de 1272 à 1626 (t. LVI à LVIII).

Bréquigny n'avait pas pu tout explorer; il n'avait travaillé à la Tour que dans les derniers mois de son séjour à Londres. En 1842, sur la demande de M. Augustin Thierry, le ministre de l'instruction publique désigna M. Jules Delpit, pour aller recueillir dans les différents dépôts littéraires de Londres tout ce qui, complétant la collection rapportée par Bréquigny, pourrait intéresser notre histoire et notre littérature nationales. Il explora les Archives de la cité de Londres à Guild Hall, et celles du duché de Lancastre, qui n'avaient encore été explorées par personne. Le temps ne lui permit pas d'achever l'im-

_____

(1) Collection générale des documents français qui se trouvent en Angleterre, recueillis et publiés par M. J. Delpit, *Introd.*, p. xi.

(2) *Ibid.*, p. xiv.

mense investigation qui lui avait été confiée. Il y avait
encore des recherches à faire à la Tour et au British
Museum. Au retour de sa mission, M. Delpit entreprit la
publication, restée inachevée comme bien d'autres travaux dus à l'initiative d'Augustin Thierry, des documents
par lui recueillis; dans l'introduction du seul volume
paru, il rend un compte détaillé de cette mission. Ce travail, tout individuel et sans aucun caractère officiel,
abonde en renseignements précieux sur l'organisation des
différents dépôts de Londres, entre autres sur celui de
Guild Hall, ou de la mairie de Londres, sur la Bibliothèque des avocats de Londres, sur les Archives de
Chapter House, ancienne salle du chapitre de Westminster. Il y affirme que jamais les Anglais n'ont enlevé les
archives des provinces qu'ils avaient occupées, et que
nulle part, à Londres, on ne trouve de traces de cette
prétendue spoliation. J'en extrais quelques lignes pour
compléter ce que j'ai à dire sur ce sujet.

« Les documents relatifs à ce petit coin du territoire
de la France qu'on nomme le Boulonnais et le Ponthieu,
occupent plus de place dans les Archives d'Angleterre que
les documents relatifs à la plus grande de nos provinces...
Mais comme je ne dois parler ici que des documents publiés dans ce volume, il se trouve que, sauf un acte qui
concerne l'importation des laines en Artois, pas un des
renseignements que je dois mentionner n'est antérieur à
l'époque du siége de Calais par Edward III. A partir de
cette date, les documents concernant Calais et le Boulenois
sont si fréquents dans les Archives anglaises, que j'ai dû
forcément renoncer à les mentionner tous; il eût fallu
citer tous les règlements qui concernent l'ensemble du
royaume d'Angleterre, car dans tous les actes du parle-

ment et dans toutes les ordonnances générales, il y a toujours quelques dispositions spéciales pour Calais... Cette ville étant restée le seul point de notre territoire possédé par l'Angleterre, les relations de Calais avec Londres devinrent encore plus multipliées qu'elles ne l'avaient été jusqu'alors (1). »

« ... Du reste, à part une collection considérable de documents relatifs à Calais et à Boulogne, presque tous les autres documents du *State paper's Office*, qui peuvent intéresser l'histoire de France, ont été malheureusement partagés en deux grandes divisions (2). »

En juillet 1843, M. Martial Delpit, cousin de M. Jules Delpit, entreprit à son tour le voyage de Londres, dans l'espoir de rencontrer dans les dépôts scientifiques et littéraires de cette ville quelques documents nouveaux pour le *Recueil des monuments inédits de l'histoire du tiers état*, auquel il collaborait. Il rend compte de ses recherches dans plusieurs lettres adressées à M. Aug. Thierry et à M. Mignet, qui complètent les renseignements donnés par son prédécesseur sur l'organisation des divers dépôts de Londres ; ces détails n'étaient eux-mêmes que le canevas d'un travail beaucoup plus étendu sur ce sujet, qu'il préparait pendant son séjour en Angleterre, et qui est demeuré à l'état de projet (3).

L'Angleterre avait marché dans la même voie. Des érudits de ce pays ont fait, à plusieurs reprises, des tentatives pour remédier aux inconvénients que présente, pour l'étude de l'histoire nationale, la dispersion des

---

(1) Loc. cit., p. CLI.

(2) *Ibid.*, p. XLVI.

(3) V. *Moniteur*, 3 septembre, 15 et 27 novembre, 14 décembre 1843, 28 et 29 janvier 1844.

documents originaux dans les nombreuses Archives du royaume. La première édition du Recueil de Rymer et Sanderson fut entreprise sur les ordres de la reine Anne, et publiée à Londres de 1704 à 1727, en vingt volumes in-folio; elle s'étend jusqu'à l'année 1654. En 1763, Th. Carte publia le *Catalogue des Rolles Gascons, Normands et Français, conservés dans les Archives de la Tour de Londres*, etc. (1). Il contient les titres, dates et matières d'environ vingt mille chartes; c'est, dit l'auteur, tout ce que renferme la Tour de Londres; c'est au moins tout ce qu'il y a trouvé.

Au commencement du siècle, une commission dite des *Records*, fut instituée à l'effet de réunir et de classer les diverses archives du Royaume-Uni, et d'en publier les parties les plus intéressantes pour l'histoire. Renouvelée six fois, de 1800 à 1831, cette commission s'est préoccupée beaucoup plus de publier une grande masse de documents que de classer et de réunir les archives. Du reste, si ce résultat est loin d'être complétement atteint, l'administration de ce service a au moins été centralisée. En 1834, la commission avait publié quatre-vingts volumes in-folio, et dix à douze in-octavo, parmi lesquels il faut citer le commencement d'une réédition complète du Recueil de Rymer, sous le titre de : *Fœdera, conventiones, litteræ et cujuscumque generis acta publica inter reges Angliæ et quosvis imperatores, reges, etc., ab ingressu Guilhelmi I in Angliam, A. D. 1066, ad nostra usque*

(1) Londres et Paris, Jacques Barois, 1763. Des tables alphabétiques, des noms de lieux, et des noms de personnes et de lieux, facilitent les recherches dans ce recueil. Cette particularité est utile à signaler, parce que beaucoup de recueils du même genre sont presque impraticables, faute de cet indispensable complément.

*tempora habita aut tractata, primum cura Th. Rymer
et Sanderson; denuo aucta, accurantibus A. Clarke et
Holbrooke.* (Londres, 1816-1830, 6 vol. in-fol. s'arrêtant
à l'année 1377.) La commission des Records a également
publié le *Domesday Book.*

Gardons-nous de confondre les Archives anglaises avec
les collections de documents manuscrits du *British
Museum*; ces deux dépôts sont aussi distincts que nos
Archives de l'Empire et le département des Manuscrits
de la Bibliothèque de la rue Richelieu. Le *British Museum*
contient plusieurs fonds, entre autres les Biblothèques
Harléienne et *Cottonnienne*, d'une grande richesse en
matériaux de la nature de ceux qui nous occupent. Il
possède une magnifique collection de plusieurs milliers
de chartes originales dont il existe un bon inventaire en
trois volumes in-folio; les deux premiers ont été compulsés par Bréquigny, qui en a extrait toutes les chartes intéressant la France; le troisième volume comprend les
chartes acquises depuis, elles concernent presque toutes
la France, et proviennent en grande partie des cabinets
de Courcelles, Monteil et Joursanvault. Plus de trois cents
pièces relatives à la France avaient été acquises de ce
dernier en 1831, et prélevées sur la collection vendue aux
enchères en 1838.

Nommons encore les Bibliothèques de Cantorbery et
d'Oxford, et surtout, auprès de cette ville, la collection,
vraiment considérable pour une collection particulière,
qu'a réunie à Middlehill sir Thomas Phillipps, amateur
bien connu, il y a une trentaine d'années, des bibliophi-
les de notre pays (1). Parmi ses manuscrits je citerai en

(1) Sir Thomas Phillipps a publié, en 1837, le *Catalogue* de ses trésors;
il est fort rare, et un exemplaire, offert par l'auteur, existe à la Biblio-

passant le *Cartulaire de Sammer*, sur vélin, du xi° siècle, et les *Chroniques de Jehan Molinet*, de Desvres.

Dans cet aperçu superficiel n'oublions pas les Archives belges, dont toute la partie qui borde la mer a formé la Morinie et l'ancienne Flandre, et se trouve ainsi en communauté d'origine avec notre pays. Celles de la Chambre des comptes de Bruxelles contiennent un nombre considérable de registres, liasses et cartons; quelques-uns des documents qu'ils renferment intéressent le Boulonnais, au nombre desquels je mentionnerai les pièces relatives aux négociations qui eurent lieu à Calais, en 1521. Des registres de l'évêché de Térouanne, du xii° au xv° siècle, se trouvent dans la Bibliothèque de l'évêché de Bruges; des travaux semblables à ceux dont j'ai parlé plus haut ont été entrepris aussi pour les Archives du royaume de Belgique et les sources originales de son histoire, sous la direction de M. de Reiffenberg.

Nous venons de passer en revue les sources, souvent peu connues, et surtout peu faciles à approcher, où doit aller puiser quiconque veut écrire sur l'histoiré locale. Mais ce n'est pas tout encore, et les recherches qui se borneraient à cette investigation générale, si elles étaient suffisantes sur certains points, seraient cependant dans la plupart des cas incomplètes. En dehors et à côté de ces documents originaux de natures si diverses, il reste à consulter la masse presque aussi considérable d'écrits de toute sorte publiés sur les sujets variés qu'embrasse une

thèque Impériale de Paris. (Gr. in-4° Q, relié en toile.) A cette époque, la bibliothèque de sir Th. Phillipps comportait 18,000 imprimés et autant de manuscrits. *V.* un Rapport de dom Pitra, chargé d'une mission scientifique en Angleterre. *Archives des Missions scientifiques*, 1855, p. 557 et suiv.

pareille matière. Ici l'embarras est au moins aussi grand que pour les documents originaux. Les Archives constituent des dépôts où, abstraction faite du désordre auquel beaucoup d'entre elles sont livrées, on est à peu près certain de retrouver, plus ou moins détériorées, toutes les pièces qui existent encore sur les questions que l'on se propose d'étudier. Mais rien de semblable ne se rencontre en ce qui concerne les brochures publiées à diverses époques sur un grand nombre de points de l'histoire provinciale; ce n'est pas toujours dans les bibliothèques publiques que l'on devra les chercher, car, quelque complètes qu'elles soient, elles n'ont pas pu les réunir toutes. Comment donc les trouver, comment surtout les connaître? Il faut étendre alors ses recherches à mille endroits divers, dépouiller un nombre considérable de catalogues, de recueils archéologiques et historiques, de journaux, almanachs, annuaires, publications périodiques de toute sorte, dont l'indication formerait à elle seule une nomenclature aussi étendue qu'utile.

C'est ici que commence le rôle de la bibliographie spéciale, telle que je me la suis proposée pour objet de mon travail, et c'est ici que nous entrons plus intimement en matière.

APPENDICE

ET

PIÈCES JUSTIFICATIVES

APPENDICE

PIÈCES JUSTIFICATIVES

I

*État de tous les endroits où l'on a besoin d'entrer pour travailler
à l'histoire de Picardie.*

« Les religieux de la congrégation de Saint-Maur ne peuvent
réussir dans ce projet qu'ils ont formé de donner au public une
histoire de Picardie, qu'autant qu'ils auront la facilité de trouver
dans des monumens authentiques et dignes de foi ce qui doit
faire le fond et la matière de cette histoire. Par cette raison, la
marque la plus essentielle de protection dont Sa Majesté puisse ho-
norer ce travail, c'est de donner des ordres pour que les religieux
qui en sont chargés aient un libre accès dans tous les endroits où
l'on peut recouvrer de ces sortes de monumens, et qu'ils aient la
liberté d'en tirer des copies ou des extraits, selon ce qu'il pourra
convenir à leur dessein.

« C'est dans tous les dépôts publics et particuliers où l'on peut
découvrir les sources de l'histoire, dans les bibliothèques des com-
munautés séculières ou religieuses;

« Dans les archives ou trésors littéraires des duchés, marquisats, comtés, baronnies, chatellenies, paieries et autres seigneuries, fiefs ou arrière-fiefs, et spécialement dans les archives des grandes seigneuries qui sont réunies au domaine, et entre les mains de Sa Majesté, ou hors de ses mains, à titre d'engagement, apanage ou autrement ;

« Dans les archives, registres et grefs des capitaineries royales, et autres s'il y en a ;

« Dans les archives des trésoriers de France et des hôtels de monnoyes, en quelque lieu qu'il s'en trouve ;

« Dans les archives et grefs des cours supérieures de justice, de bailliages, présidiaux, sénéchaussées, prévôtés royales ou dominicales des seigneurs particuliers, ou autres justices, quelque nom qu'elles puissent porter, comme élections, greniers à sel, maîtrises des eaux et forêts, etc.

« Dans les archives et chartriers de tous les corps de ville, mesme des villes frontières, où il est plus ordinaire qu'il soit arrivé de grands événemens ;

« Dans les archives des universités, des facultés et des colléges, par quelques personnes que ces corps puissent être régis ;

« Dans les chartriers des hôpitaux, hôtels-Dieu et autres maisons de charité, quelque nom qu'elles puissent porter, et par quelques personnes qu'elles puissent être administrées ;

« Dans les archives des jeux publics, d'arquebuse, d'arbalète, etc.;

« Dans les archives des archeveschés, éveschés, chapitres, cathédrales et collégiales, et dans leurs bibliothèques communes ;

« Dans les registres et dans les grefs des officialités et autres cours ecclésiastiques ;

« Dans les archives ou chartriers des abbayes, des abbayes chefs d'ordre, soit qu'elles soient en règle, ou en commende, ou sécularisées ; dans les prieurés conventuels en règle, en commende ou sécularisés ;

« Dans les archives ou chartriers de toutes les maisons religieuses de l'un et de l'autre sexe, de quelque ordre qu'elles soient, d'ancien ou de nouvel institut, et généralement partout où les religieux croiront pouvoir trouver quelques secours pour leur travail. »

(*Collect. D. Grenier*, vol. XI, p 3.)

II

Correspondance de D. Grenier, relative au Boulonnais
et au Calaisis.

La correspondance de D. Grenier, relative au Boulonnais et au
Calaisis, est fort rare ; ce qui en reste donne à penser qu'une grande
partie en est perdue et en fait regretter la disparition ; nous y
aurions sans doute trouvé bien des renseignements propres à nous
diriger dans nos recherches ; elle se borne aujourd'hui aux quelques
lettres ci-après, extraites de sa collection, que j'ai cru bon de
reproduire, non-seulement à cause des renseignements qu'elles
fournissent sur notre sujet, mais aussi à cause des menus détails
pleins d'intérêt et quelquefois très-piquants qu'elles présentent sur
les conditions matérielles de travail dans lesquelles se trouvaient
les bons moines qui s'étaient faits les collaborateurs de D. Grenier.

1°

« Mon Révérend Père,

« Le P. prieur de Samer me demande D. Fournier pour sous-
prieur, en conséquence je suis d'avis de me déterminer à changer
sa destination, et à ne pas l'envoyer à Breteuil. Dom Fournier a
quelque peine à se déterminer, parce qu'il craint que cela le détourne
du travail que je lui ai proposé pour les chartes, et que cela l'em-
pêche de pouvoir recevoir vos instructions. Pour moi, je pense que
pour ce travail il sera mieux à Samer qu'à Breteuil. Le Père prieur
favorisera son travail, il trouvera des matériaux en abondance dans
le Boulonnois. Il y a ici M. Geneau, qui depuis longtemps travaille
pour l'arrangement des seigneuries ; il est habile, il a la confiance
de la province. Ainsi, vous me ferez plaisir en répondant à D. Fournier de lui conseiller de prendre plutôt Samer que Breteuil, et de
lui permettre d'être en liaison avec vous, etc...

« Je suis, avec le plus parfait attachement.....

« F.-A. LECLERC, M. B.

« (Visiteur de la Société.)

« De Samer, le 21 septembre 1764. »

(*Collect. D. Grenier, t. XLI, 6ᵉ paq., 7ᵉ art , fᵒ 49.*)

2°

« Samer, 12 février 1765.

« Mon Révérend Père,

« Depuis la lettre que vous m'avez fait l'honneur de m'écrire, je me suis donné quelques mouvements par rapport à la recherche des chartes. J'ai fait un voyage à Boulogne, j'y ai pris langue, et je pourrai y trouver quelques titres. Reste à sçavoir s'il y a quelque chose de réglé par rapport aux frais qui deviennent indispensables. Vous sçavez que les titres ne se déplacent point; il faut travailler sur les lieux, et par conséquent séjourner; nous n'avons pas de maison à Boulogne, il faut donc satisfaire aux frais de séjour. J'attends de vos nouvelles à ce sujet pour pouvoir opérer. Quant au chartrier de Samer, il ne faut point compter dessus; il n'y a que quatre ou cinq chartes originales, encore sont-elles imprimées dans l'*Histoire de la maison d'Auvergne*, de M. Baluze. Tout le monde m'assure ici qu'il n'y a pas d'endroit où on puisse faire une moisson plus abondante dans ce canton qu'à la chambre des comptes de Lille, où la plus grande partie des titres du pays est en dépôt.

« Je n'ai point encore la nouvelle diplomatique. Le R. P. prieur m'a assuré qu'il avoit écrit pour la faire venir. En attendant, j'étudie celle du P. Mabillon que j'ai trouvée ici. Mandez-moi aussi, je vous prie, si vous me ferez passer l'ordre ou l'invitation, soit du ministre, soit de M. l'intendant, pour la communication des titres et l'ouverture des dépôts. Il seroit bon que j'en eus par devers moi quelques exemplaires pour pouvoir en faire usage. Ce sera vraisemblablement quelque lettre circulaire imprimée. Enfin, je vous prie de me donner avis de l'état où en sont les choses, et de ce que je dois faire. Si l'arrangement, tel qu'on l'a projeté, a lieu, je compte m'y livrer entièrement. Ainsi vous pouvez compter sur moi ainsi que sur l'amitié sincère avec laquelle, etc.

« P. FOURNIER, M. B. »

(*Ibid.*, f° 54.)

3°

« J'ay reçu, mon Révérend Père, la Notice des Archives de la Province (de Picardie) que vous avez eu la bonté de m'adresser, et je l'ai fait voir au ministre, qui en a été content...

« La table chronologique des titres de l'abbaye de Samer-au-Bois est très-bonne à avoir, et il ne faut pas négliger les inventaires des archives qui se trouveront tout faits...

« Signé : M<small>oreau</small>. »
(Ibid., t. XL, f° 13.)

(1765.)

4°

« J'ay reçu, mon Révérend Père, l'état que vous avez eu la bonté de m'envoyer... Je ne doute pas qu'il (le ministre) ne trouve un expédient pour engager M. Lutto à vous faire part des richesses qu'il garde pour lui seul, je ne sais à quel titre.

« En attendant, recevez l'hommage...

« Signé : M<small>oreau</small>.

« 6 septembre 1765. »

« Je ne vois pas pourquoi vous ne visiteriez pas Saint-Bertin. Sur cela je prendrai les ordres du ministre, et vous ferai part de ses vues. »

(Ibid., f° 14.)

5°

« Monsieur,

« Je m'étois flatté, dans votre dernier voyage de Boulogne, de procurer à Mons. votre confrère quelques pièces anciennes concernant le siége de Boulogne, qui auroient pu servir à l'histoire du Boulonnois; mais la personne qui possède cette antique en est si jalouse, qu'elle ne veut point la confier à qui que ce soit, de peur qu'elle se trouve égarée. Elle consentiroit bien en donner une reproduction, pourvu qu'elle se trouve prise et écrite chez elle. Mais pour l'original, elle ne sauroit s'en dessaisir d'un moment. Si j'étois plus au fait de déchiffrer ces sortes d'écritures, j'en prendrois moy-même copie, et je vous l'enverrois. Je suis bien fâché de n'avoir pu completter mon engagement.

« J'ai l'honneur d'être, avec respect, etc.

« G<small>uerlain</small> l'aîné.

« Boulogne, le 13 juillet 1765. »

(Ibid., t. XLI, f° 58.)

6°

« Vous devez recevoir dans le présent paquet, mon cher dom Grenier, deux cahiers de remarques sur la ville d'Ambleteuse et sur son port, sur la ville d'Étaples et sur ses antiquités. Lorsque vous les aurez fait copier (si vous croyez qu'elles en méritent la peine), vous me les renverrez, s'il vous plaît. Je vous recommande particulièrement d'y joindre le manuscrit que j'ai confié à dom Clémencet, et qu'il vous remettra. Je souhaite que mes confrères, les volontaires vedettes de littérature, travaillent comme moi, pour le plaisir de vous obliger, je crois pouvoir ajouter qu'ils auroient besoin d'une émulation sonnante, parce qu'il sera toujours vrai de dire (*ex nihilo nihil*). Vous m'avez fait plaisir de me donner des nouvelles de la santé de D. Poirier, Huet et Liebbe, renouvellez-moi, je vous prie, dans leur souvenir; que le vôtre se fortifie de plus en plus. Si vous sçavez quelques bonnes nouvelles de nos affaires, vous nous obligerez de me les faire sçavoir. Je trouve nos Anglois des environs de profonds connoisseurs en tout genre; ils m'ont promis de me communiquer bien des choses, mais il faut les voir. C'est ce que ma place et mes finances ne me permettent pas. Je suis bien redevable à M. Dauphin d'Halinghen; il est sensible à votre souvenir...

« Je serai toujours avec amitié, etc.

« GÉRARDIN.

« Samer, 25 août 1767. »

(*Ibid.*, f° 97.)

7°

« Êtes-vous du nombre des vivans, je n'en sçais rien, j'attendois de vous le renvoi des dissertations sur Étaples et sur Ambleteuse; on s'est présenté en vain vers le milieu d'octobre pour les reprendre chez M. Coquelin, marchand limonadier, rue Traversière, butte Saint-Roch, que je vous avois indiqué dans ma dernière lettre (1). Vous pouvez les lui confier, elles me seront sûrement rendues, et j'en paierai volontiers une seconde fois le port. Je souhaiterois que ma charité trouvât de plus amples ressources pour seconder les

(1) Cette lettre manque.

intentions et le zèle de la compagnie littéraire. Je suis charmé que mon petit travail ne vous déplaise pas. Je ferai ce qui dépendra de moi pour mériter votre approbation et pour contribuer à rappeler (*pro modulo*) les beaux jours des Mabillon, des Ruinard ; vous désirez que vos coopérateurs règlent leurs études et leurs collections sur le plan de ces grands hommes ; cela me paraît d'autant plus difficile que les temps sont changés. Rappelez les religieux à la subordination, et les supérieurs à la règle, j'ose répondre de la réussite de votre louable projet.

« Je viens de faire un petit voyage à Saint-Valery, etc.

« GÉRARDIN, M. B.

« Samer, 22 décembre 1767. »

(*Ibid.*, f° 108.)

8°

« Mon cher D. Grenier,

« Je suis fâché de n'avoir rien à vous envoier, et de ne répondre que par la bonne volonté à vos désirs et à votre zèle. Je ne peux travailler que sur des mémoires qui me manquent. Je sçaurois bien en découvrir, mais pour me les procurer, il faudroit faire quelques petits voyages et quelques petites dépenses. Si vous sçaviez la situation des affaires de notre maison, qui étoit si bien autrefois, vous jugeriez que je ne peux en conscience en tirer même une obole pour seconder votre zèle et satisfaire le mien. J'ai cru devoir demander dix-huit livres au Rév. P. visiteur, à qui j'ai donné une quittance motivée. Je souhaiterois vous annoncer quelques bons mémoires plutôt que trois cents médailles antiques, dont plus de cent en argent et le reste en bronze, de trois modules, dont j'ai enrichi et augmenté ma collection. Je ne connois aucun en province, curieux dans la science numismatique, qui ait une suite de médailles antiques et de monnoyes aussi nombreuse que celle que j'ai rassemblée avec plus de peine que de dépense. J'ai appris avec plaisir que vous aviez fait une belle et riche découverte dans les environs de Roye.

« Nous vivons ici à l'abri de toute moinerie, enviez notre sort, etc.

« P. GÉRARDIN, M. B.

« Samer, 18 novembre 1768. »

(*Ibid.*, f° 151.)

9o

« Je vous envoie, mon Révérend Père, les lois municipales de
Calais, c'est-à-dire les confirmations par Mahaut et Édouard, et j'y
joins l'état que ce prince fit dresser des droits qui appartenoient
aux comtes d'Artois sur Calais. Je vous prie de me les renvoyer
quand vous les aurez lus; n'en ayant point de copie, il me seroit
difficile d'en recouvrer une.

« Quand j'ai dit que Calais avoit eu des lois municipales avant
d'avoir des murs, je n'ai pas prétendu que ce fût le seul exemple
de village jouissant de municipalité. Le *Recueil des ordonnances* en
fournit plusieurs exemples. Dans le xııe siècle, les seigneurs tran-
choient du souverain et donnoient à leurs *vassaux* le nom de *sujets*;
tous vouloient être législateurs; ils n'avoient pas toujours moyen
de faire clore de murs leurs villages, mais ils avoient toujours celui
de leur donner un code de législation; ils usoient de cette préro-
gative, ou plutôt ils en abusoient.

« Pardon, mon Révérend Père, je vous dis ce que vous sçavez
mieux que moi.

« BRÉQUIGNY.

« 28 avril 1779. »

(Ibid., fo 384.)

10°

Dans une autre lettre, Bréquigny écrit à D. Grenier :

« Je vous envoie aussi mon Mémoire sur Calais, puisque vous
êtes curieux d'y jeter les yeux. Ce sera à mon grand profit si vous
voulez avoir la complaisance de me faire part de ce que vous y
aurez trouvé à corriger (1). »

(Ibid., fo 382.)

(1) *V.* encore au § III qui suit, plusieurs lettres adressées à D. Grenier.

III

Lettres relatives au P. Le Quien et à ses écrits sur l'histoire du Boulonnais (1).

« Les lettres qui suivent étaient destinées à servir de *preuves* à la biographie du P. Le Quien. Elles se trouvent au t. CLXIII, f° 64 et suiv. En tête figure l'avis aux curieux touchant l'histoire de la ville de Boulogne-sur-Mer, imprimé dont une copie a été placée en tête des Mémoires Mss. de Luto, à la Bibliothèque de Boulogne-sur-Mer.

« E. H. »

1°

Lettre du P. Le Quien, dominicain, à D. Bernard de Montfaucon.

« Mon Très-Révérend Père,

« Je croiois avoir la datte de l'arrest dont j'ai eu l'honneur de vous parler aujourd'hui, mais mon avocat l'a laissé en blanc. Voici au reste le fait comme il le rapporte.

« Et est à remarquer que cette chute de la tour a causé un très-grand procès entre le sieur Baron de Baingthun, qui se dit Baron d'Ordre, et les mayeur et eschevins de laditte ville de Boulogne : lesquels à cause de la chute de cette tour refusant de payer certain nombre de milliers de harengs, sorests et blancs, partie à Amiens, partie à Arras ou autres villes de pareilles distances au choix de ce seigneur de cens fonsière, disant que la tour estant chute en la mer, et n'estant plus, ledit sieur Baron ne pouvoit plus prétendre de rente, d'autant que la cause cessante, doivent cesser les effets, chaques choses périssantes à leurs propriétaires; et lui au contraire ayant soutenu qu'il y avoit du manque de diligence en la conservation dudict batiment, de la part desdicts mayeur

---

(1) Ce travail est dû à M. E. Hamy, qui a extrait de la collection D. Grenier toutes les pièces concernant le P. Le Quien, et les a réunies en un cahier manuscrit destiné à la Bibliothèque de Boulogne-sur-Mer.

et eschevins ; qu'il n'estoit fondu en la mer, que parce qu'on avoit sappé le pied, au veu et sceu et le consenteñt de la ville, pour en vendre les pierres aux étrangers, sous prétexte de quelques droits qu'on donnoit à ladicte ville, soit par parquet, soit par mil, ou bastellé, et conséquens : qu'ils ne pouvoient aller quittes de ladicte rente, qu'en remettant les lieux en l'estat qu'ils estoient auparavant. La cour, par son arrest en date du   jour de   mil six cens   a condamné lesdicts mayeur et eschevins à payer et continuer ladicte rente sans pouvoir estre reçu à la remise. Cet écrivain, qui avoit vu la tour sur pied, dit un peu auparavant : néantmoins la mer par son flux et reflux, les impétuosités de ses vagues, ayant trouvé que par l'avarice des habitans du pays pour vendre des pierres aux Hollandois et autres, les rochers contre lesquels la mer se jouoit au bas de cette tour, n'y estoient plus, mais mesure qu'on arrachoit pareillement les pierres qui soutenoient la falaise, la tour tomba en plein midi, le vingt neuf jour de l'an mil six cens quarante quatre.

« Cette sappe des coupeurs de pierre avec les ruisseaux qui coulent de tout costé de la falaise et en entrainoient les terres glaises dans la mer, ont contribué à la ruiner peu à peu, et enfin à la chute de la tour.

« Si la chose ne pressoit pas tant, le Baron d'Ordre, qui est de mes amis, pourroit me donner la date de cet arrest, qui doit estre parmi les papiers de son père, lequel estoit homme d'ordre et curieux.

« Je suis, avec tout le respect possible,

« Michel LE QUIEN. »

2°

Lettre de M. de Courteville d'Hodicq

« On m'a remis à mon arrivée ici, Messieurs, l'avis que vous donnez à la province de Picardie, touchant le projet que vous avez formé de travailler à son histoire ; un tel ouvrage, Messieurs, ne demandoit rien moins que le travail et les soins de deux hommes célèbres dans un ordre auquel les lettres doivent une partie de leur lustre, et la France nombre de monumens littéraires, qui prouveront dans tous les temps combien les sciences sont en recommandation dans votre illustre congrégation. J'ai toujours pensé, Messieurs, que nous n'aurions une bonne histoire générale du royaume, que quand chacque province auroit fourni la sienne particulière ; l'ignorance et la paresse de nos pères ont laissé quantité de faits intéressans dans les ténèbres de l'oubli. Je désire ardemment, Messieurs, que vos recherches et vos soins puissent nous faire recouvrer des biens sur lesquels nous n'osons plus compter ; on doit tout attendre et tout espérer quand le zèle est uni aux plus grandes connoissances.

« Je crains bien, Messieurs, que vous ne trouviez peu de personnes animées de cette noble ardeur, dont vous fournissez aujourd'hui un si bel exemple ; je voudrois voir mille de mes compatriotes associés à votre gloire, pour être assuré que le plus grand nombre s'intéresse au succès de votre ouvrage ; je vous offrirois avec empressement mes recherches et mes veilles, si mon état pouvoit me le permettre, mais la circonstance de la guerre ne me laisse que des momens fort courts, que je ne regarde même pas comme à moi, puisqu'ils sont destinés à la théorie ou à la pratique de mon métier. Je puis, malgré cela, Messieurs, vous donner quelques avis desquels il vous sera possible de tirer avantage, puisqu'il entre dans le plan de votre ouvrage d'y comprendre le Boulonnois. Je vous dirai que jadis le fameux Père Le Quien, célèbre parmi les sçavans, à qui cette province a donné le jour, en avoit entrepris l'histoire particulière. La mort nous l'enleva au moment qu'il alloit mettre en ordre les matériaux qu'il avoit amassés. Un particulier de ce pays-ci, informé de cet événement et de son projet, réclama au nom de la province les pièces qui concernoient cet ouvrage ; elles lui furent remises, et pour lors il joignit ses recherches à celles du Père Le Quien, dans le dessein de mettre le tout en état d'être donné au public ; mais la gloire vous en étoit réservée, Messieurs, puisque la mort nous enleva encore ce zélé citoyen, dont le nom étoit *Lutton.* Hors depuis ce temps, le manuscrit est resté entre les mains d'un de ses frères, curé d'Alquines en Boulonnois. Je lui ai écrit plusieurs lettres pour le prier de m'en donner communication, affin de voir à quel point en étoit l'ouvrage, mais je n'ai jamais eu le talent de le persuader, malgré les assurances que je lui donnois de ne point abuser de sa confiance. Je vous exhorte, Messieurs, à tenter auprès de lui, peut-être serez vous plus heureux que moi ; tout me dit même que cela doit être. Je ne doutte nullement que, si vous y réussissez, vous n'en tiriez de très-grandes connoissances tant pour la partie topographique, que pour l'histoire, que les souverains particuliers que cette province a eus doit rendre intéressante, comme aussi les guerres contre les Anglois. Vous trouverez, Messieurs, dans les ouvrages imprimés du P. Le Quien, une dissertation sçavante et curieuse sur le *Portus Iccius* dont parle Cæsar dans ses *Commentaires*.

« Quoique je sois plus convaincu que personne, Messieurs, que la véritable noblesse est plus existante dans les vertus personnelles que dans celles des plus illustres ayeux, l'honneur que l'on fait à ma maison de la regarder comme une des plus anciennes du Boulonnois, m'a engagé à quelques recherches sur ce qui la concerne. J'ai senti que, cadet d'une famille dont les branches aînées se sont éteintes dans les maisons de Gouffier, d'Ongnies et de Maulde, je devois être possesseur de fort peu de titres originaux ; j'ai feuilleté ceux qui sont en mon pouvoir, et j'ai vu avec peine que je n'avois que deux contracts par lesquels je pus remonter plus haut que Nicolas de Courteville, chevallier, seigneur d'Hodicq, qui paroit à la tête de l'arrest de noblesse accordé lors de la recherche ; en conséquence, j'ai cherché dans les études, dans les archives particulières des maisons, j'ai rassemblé beaucoup de nottes qui prouvent que successivement en remontant jusqu'à Gile de Courteville, qui vivoit en 1145, il a existé des personnes de ce nom ; il s'en faut que je puisse prouver jusque-là une filiation suivie ; mais ce que je suis en état de constater, c'est qu'au commencement de 1300, la terre d'Hodicq, que je possède aujourd'hui, a appartenu sans interruption à mes ancêtres ; je vais mettre au net le fruit de mes travaux, affin de vous le communiquer, persuadé, Messieurs, que vous voudrez bien y joindre ce qui viendra à votre connoissance ; mais vous sentez que je ne puis vous fournir de titres originaux que ceux que j'ai en ma disposition. D'ailleurs, j'ose me flatter, Messieurs, que si j'étois connu de vous, vous me rendriez la justice de croire que je ne suis pas assez infatué de ma naissance pour lui obtenir une place honorable dans votre histoire par des impostures. Les religieux de votre ordre, qui habitent le Boulonnois, peuvent recourir à la voix publique sur mon extraction, elle est très-rarement fautive. Je puis même vous assurer qu'elle ne démentira rien de ce que j'avance. Je vous enverrai donc, Messieurs, une notte de mes recherches; j'y joindrai un abrégé de généalogie que vous y insérerez, si vous le jugez à propos, auquel vous serez les maîtres de retoucher si vous le voulez. Dans les recherches que vous ferez faire en Artois, je vous prie d'engager les personnes qui en seront chargées de vous rendre compte des particularités qu'ils trouveront touchant ma famille à la terre de la Bussière, marquisat appartenant au comte de Maulde; Mme la marquise de la Bussière, sa belle-sœur, a tous les titres qui concernent la branche de ma maison, qui a passé dans la leur. Tous mes regrets, Messieurs, sont de ne vous être d'aucune utilité, plus reconnoissant que personne des soins que vous allez prendre, je n'ai jamais désiré plus vivement d'être le maître de mon tems pour pouvoir vous le sacriffier.

« J'ai l'honneur d'être,

« COURTEVILLE D'HODICQ,

« C^ne de cavalerie au régt de Vienne.

« Montreuil, ce 22 décembre 1753.

« *A Messieurs les Bénédictins, historiens de Picardie, à Corbie.* »

3o

Lettre de M. Luto, prêtre, à M. de Foncemagne

« Je proffitte, avec un plaisir sensible, de la liberté que vous avez bien voulu m'accorder, en me permettant de vous écrire, comme M. Bart m'a fait l'honneur de me le mander. Je dois d'abord vous témoigner ma reconnoissance des bontés et des attentions que vous avez eu de me procurer les Mémoires historiques du feu Père Le Quien, mon ancien ami, sur notre Boulonnois, dont je vous suis bien obligé. J'en ai fait tout l'usage possible, et j'ose espérer que nous aurons enfin, par ce moyen, une histoire que les curieux de la province attendent depuis si longtems avec impatience. J'ai eu l'honneur de le connoître très-particulièrement, et il m'a fait la grâce de m'accorder son estime et sa confiance tant qu'il a vécu; j'ai eu l'avantage de travailler au projet de cette histoire sous ses yeux, et ça été pour l'aider dans cette entreprise que je me suis occupé à rechercher les monumens qui pouvoient contribuer à la perfectionner. Il y a environ vingt ans que j'ai commencé à faire mes premiers recueils, et nous avons été assez heureux dans nos recherches. Je ne me suis chargé de ce grand dessein que par un amour naturel pour notre patrie, et sur la confiance que m'a inspirée le Père Le Quien, qui me jugeait propre à continuer ce qu'il avoit commencé, m'ayant mis au fait de son système; il me fit même la grâce de me le répéter quelques mois avant sa mort, dans une lettre où il m'encourageoit à faire de nouvelles recherches, et m'y faisoit entendre que ses papiers me seroient remis au cas qu'il décédât sans les perfectionner. Je n'oserois me flatter d'avoir réussi dans ce vaste projet comme l'auroit fait le deffunt, parce que je connois ma faiblesse, mais je l'oublie dans cette occasion, sçachant que c'est toujours un juste sujet d'éloge de tenter ce dessein, quand même je resterois au dessous de l'entreprise. Je n'ai rien négligé pour déterrer dans les Archives de toute la Flandre ce qui pouvoit m'être de quelque utilité. Le recueil de notre histoire contient à présent seize à dix-sept cents pages in-4°, et j'espère la conduire bientôt à sa fin. Si je n'y ai point réussi tout à fait, j'espère qu'on aura assez de bonté pour excuser mes fautes. M. Bart me marque que vous lui avez remis différens mémoires concernant le procès des francs fiefs, mais comme j'ai toutes les pièces qui traitent de cette affaire, et que Messieurs d'Auvringhen, Cazin et Wijant, qui l'ont suivie comme députés de la province, me communiquent toutes les autres pièces manuscrites qu'ils ont produites, je ne crois point qu'ils me soient utiles; c'est pourquoi j'ai l'honneur de vous en témoigner mes remercîmens et ma reconnoissance à cet effet de votre politesse.

« A l'égard du petit mémoire qui concerne les évêques de Terouenne ou Boulogne, je me souviens que le Père Le Quien, qui m'a témoigné avoir communiqué autrefois la suitte de ceux de Terouenne aux Pères Bénédictins, pour l'insérer dans leur nouvelle édition du *Gallia christiana*, ils se trouvent dans son histoire, de même que ceux de Boulogne; il me semble que ce petit mémoire ne parle que de ceux-là Vous me ferez la grâce de m'en instruire pour y répondre, et j'en ferai les extraits avec bien du plaisir. Je pensois que la province métropolitaine de Reims étoit imprimée, mais il me paroît par ce mémoire qu'elle ne l'est pas. J'ai découvert en Flandre une chronique manuscrite des Morins, composée en 1522, par Marc Le Vassor, prêtre de Terouenne, où se trouve le catalogue des évêques et les principaux faits de leurs pontifficats ; il s'y trouve plusieurs choses curieuses ; s'il est nécessaire, j'en ferai un petit extrait de ce qu'il y a de plus essentiel.

Le manuscrit du Père Lartigaud, Minime, m'est tombé d'un de ses proches parents, auquel il l'avoit donné avant sa mort, avec quantité d'autres papiers, aujourd'hui dissipés pour la plupart. Les Minimes, ses confrères, avoient dessein de les brûler, dans la crainte où ils étoient que ces ouvrages ne missent leur ordre en mauvaise odeur à Rome, ce qui l'obligea de les confier à ce parent, auquel il les donna. Il étoit né à Calais, l'an 1628, et décéda d'apoplexie au couvent de Dunkerque, en 1710, âgé de 82 ans. Ce religieux fut très-considéré de M. de Harlay, archevêque de Paris, qui lui procura la connoissance du Père de la Chaize et de M. Bossuet, évêque de Meaux, qu'il vit toujours très-familièrement, et qui l'estima toujours, quoiqu'il eût écrit un petit *traité* contre son livre des *États d'oraison.* Ses ouvrages lui attirèrent des disgrâces et de grandes mortiffications dans son ordre, au point qu'il fut forcé de quitter l'habit religieux pendant dix ans, et il n'y rentra et n'y fut tranquille que par la faveur de M. Bossuet, qui le protégea tant qu'il vécut. Outre son traité de la *Régalle,* il en a composé un autre de la *Jurisdiction et autorité des parlemens,* dont le manuscrit a été confié à une personne qui l'a mis en main de M. Chauvelin, à Paris, qui ne l'a pas rendu ; un autre des *Franchises du quartier de l'Ambassadeur de France à Rome* ; un autre sur le *Refus des Bulles aux évéques de France.* Monsieur Bossuet a eu une copie de celui-ci et de la *Jurisdiction des parlemens,* que l'auteur a augmentée depuis ; un traité contre Albert Pighius, au sujet de la condamnation du pape Honorius par le sixième concile général, troisième de Constantinople ; un autre, qui contient des réponses à ce qu'ont écrit *Baronius* et *Bellarmin* sur la condamnation de ce pape. Ce traité n'a point été achevé ; un autre sur l'infaillibilité des papes, et en particulier sur la chute de Liber et de Félix II, qui est aussi imparfait ; un petit livre de *Maximes chrétiennes* pour une dame de Paris ; plusieurs autres pièces concernant l'ordre des Minimes françois, et des lettres au Père Le Quien, sur le traité des *États d'oraison* de Monsieur Bossuet à Monsieur de l'Ange (1), évêque de Boulogne,

---

(1) Pierre de l'Angle.

et Monsieur Rouet, vicaire général de Rouen, sur différens sujets. J'ai vu autrefois tous ces différens écrits qui traitoient de matières fort curieuses.

« J'ai l'honneur d'être,

« LUTO, prêtre.

« Calais, le 1er septembre 1740.

« *A Monsieur de Foncemagne de l'Académie des sciences.* »

4º

Copie d'une lettre de M. le duc de Bouillon

« Il faut voir le R. P. dom Bernard Monfaucon de la part de Monsr le duc de Bouillon, pour conférer avec lui sur ce que l'on a appris que le R. P. Le Quien, dominicain, qui vint à Pontoise avec lui, il y a 10 ou 12 jours, et qui par conséquent est de ses amis, ou du moins de sa connoissance, travailloit à l'histoire de la ville de Boulogne *et de ses* comtes, ce qu'il a indiqué au public ainsi qu'il se voit dans le Journal des sçavans du mois de juin 1727; dans son abrégé, il dit qu'il pourra dire un mot de la descendance de Messieurs de Bouillon dans son histoire; et qu'il a entre les mains certains écrits où l'on montre que la branche des seigneurs d'Overgne, dont Messieurs de Bouillon descendent, étoit séparée des seigneurs de la Tour, environ cent ans avant que Bertrand de la Tour épousât Marie de Boulogne, qui hérita de ces deux comtés en 1424, c'est-à-dire que Messieurs de Bouillon étoient ariers cadets de Bertrand de la Tour.

« Comme la maison de Bouillon a un intérêt sensible à ce qui peut regarder cette histoire de Boulogne et de ses comtes, puisque les droits de cette maison sont tombés dans la sienne, qu'il est naturel qu'il ait curiosité de sçavoir de quelle manière le R. P. Le Quien traitera cette matière, parce que l'on pourroit lui fournir des titres et mémoires qui pourroient servir à éclaircir la matière, sans pourtant rien exiger de lui que ce qu'il croira être bien établi. S. A. espère que le Révérend Père dom Monfaucon voudra bien lui faire l'amitié d'en parler au R. P. Le Quien, pour sçavoir de lui s'il veut bien faire communiquer l'article qui concerne la maison de Bouillon, par le canal de dom de Monfaucon, par lequel on feroit aussi passer au P. Le Quien les mémoires qu'on pourroit lui communiquer, et Monsieur le duc de Bouillon s'en tiendra à ce que le R. P. dom de Monfaucon en décidera, sur la différence qu'il pourroit y avoir et par la conciliation. »

5°

Copie de la réponse à la lettre de M. le duc de Bouillon, par le
R. P. dom de Monfaucon

« J'ai été obligé d'attendre à faire réponse à celle que V. A. m'a fait l'honneur de m'écrire, jusqu'à ce que j'eusse conféré avec le R. P. Le Quien. Je l'ai vu ce matin, et lui ai lu la lettre de V. A. S. et le mémoire de M. Regnaudin ; il m'a protesté que c'étoit contre son intention que le journaliste avoit mis, dans le mois de juin passé, l'article qui regarde son histoire de Boulogne, dans les termes qu'il y a mis ; qu'il avoit fort avancé les autres parties de son histoire de Boulogne, mais que pour ce qui regarde l'histoire et la descendance des comtes de Boulogne, il ne l'avoit qu'ébauchée, et que bien loin d'avoir pris son parti là dessus, il n'en avoit que quelques mémoires par ci par là ; qu'il les ramasseroit et me les remettroit, et que les conférant avec ceux de V. A. S., il les disposeroit d'une manière que vous en seriez content. Avant que de parler au P. Le Quien, j'avois déjà dit à M. Regnaudin que l'histoire de Boulogne, du P. Le Quien, tireroit en longueur ; il me l'a confirmé et m'a assuré qu'il y a déjà du tems qu'il n'y travaille plus, et qu'il est tout appliqué à sa réplique au Père Courreyer, chanoine régulier, et à son *Oriens christianus*, qui aura deux volumes in-folio. J'ai l'honneur d'être, etc. »

6°

Lettre de M. le comte de Calonne à D. Grenier

« Je n'ai reçu que tard, Monsieur, la lettre que vous m'avez fait l'honneur de m'écrire le 14 septembre, ayant passé près de deux mois dans différentes campagnes en Artois. Depuis mon retour, et d'après vos instructions, j'ai vu M. Lutun, curé d'Arquines, sans lui rien dire de ce que vous marquez. Je lui ai parlé du manuscrit qu'il avoit sur l'histoire du Boulonnois. Je lui ai marqué désirer d'en prendre lecture; il me l'a confié vingt-quatre heures, avec ma parolle de ne le communiquer à personne. Il est bon de vous dire qu'en une semaine j'aurois de la peine à le lire en son entier; en conséquence, je lui ai fait dire, en lui envoyant son manuscrit, que je reviendrois exprès à la campagne pour le lire, espérant qu'il me le confieroit de nouveau. Ce sera pour lors que je mettrai en usage tout ce que vous me marquez à cet égard. Je tâcherai de le piquer d'honneur en vertu de l'extrait de la lettre du 15 juin 1739, mais je crains bien de ne pouvoir le persuader; il me paroît bien jaloux de cet ouvrage, qui m'a paru bien instructif. Je vous prie de garder le plus grand secret sur ce que je vous marque à cet égard, sans quoi je perdrois toute confiance, et par conséquent toute espérance de pouvoir réussir; je vous dirai même qu'elle est très-foible; j'entends l'espérance, car malgré toute l'envie de vous obliger, je ne pourrai aller contre mes engagemens; enfin je ferai de mon mieux, désirant beaucoup vous donner des preuves de la considération avec laquelle j'ai l'honneur d'être, Monsieur, etc.

« Le Cte DE CALONNE.

« A Calais, ce 5 octobre 1764. »

70

Lettre du P. Prieur de Samer, au même

« Mon Révérend Père,

« Comme je vous sçavois absent, j'ai tardé à vous faire passer la réponse que j'ai reçue de Monsieur le comte de Calonne, lorsque, selon vos instructions, je lui ai envoyé ce que dom Davis m'avoit remis de votre part. Vous jugerez par l'incluse qu'il ne sera pas facile de venir à bout du curé d'Alquine. J'avois mis déjà des gens en campagne, mais on m'avoit répondu qu'il étoit inutile de penser à tirer de ce curé la communication de son manuscrit, quelqu'un lui ayant dit que tout cet ouvrage n'étoit pas de lui, et qu'on disoit qu'il s'étoit approprié le travail du P. Le Quien, qu'on le taxoit même de ne l'avoir pas rendu; il a répondu qu'il n'avoit rien au

Père Le Quien, et que tout appartenoit à sa famille. Monsieur de Calonne me fera sans doutte part dans la suitte de ce qu'il aura pu faire auprès de ce curé, et je serai exact à vous en informer. Nous n'avons pas ici la *Nouvelle diplomatique* ; ayez la bonté de me marquer combien il y a de volumes, et leur prix. Si cet ouvrage n'est pas trop cher, je serai charmé d'en meubler notre bibliothèque. Dom Tassin a toujours eu de l'amitié et des bontés pour moi ; il en a sans doutte un certain nombre de volumes à lui, qu'il pourroit me céder à un prix plus bas que l'imprimeur. J'ai l'honneur d'être, etc.

« Amb. Carue.

« A Samer, ce 30 octobre 1764. »

8°

Lettre du Bibliothécaire des Dominicains de Saint-Honoré de Paris au même

« Mon Très-Révérend Père,

Je ne sçaurois trop vous remercier des mouvemens que vous vous êtes donnés pour obtenir le recouvrement et la restitution des mémoires du R. P. Le Quien, touchant l'histoire du Boulonnois ; notre R. P. Prieur et toute la communauté me chargent de vous en témoigner leur reconnoissance, et sont charmés de la découverte que vous avez faitte. Voici la pièce dont vous avez besoin pour terminer cette affaire, vous en ferez l'usage que vous jugerez à propos et pour le mieux ; la confiance que vous méritez à si juste titre, et que je vous ai vouée, me répond du succès ; c'est avec ces sentimens que j'ai l'honneur d'être, etc.,

« F. Hennecart.

« Paris, ce 17 aoust 1765. »

9°

Lettre du même au même

« Mon Très Révérend Père,

« Sans un cruel mal de dents, accompagné d'une fluxion, j'aurois été ce matin chez vous, comme je vous l'avois promis. Je vais écrire au curé d'Alquine, que c'est à tort qu'il refuse de remettre les papiers du P. Le Quien, puisqu'en lui remettant la lettre de *feu Luto*, son frère, il n'y auroit plus d'obligation touchant cette remise, c'est le seul titre que nous ayons pour redemander ces papiers; l'engagement qui est exigé par le curé est plus ancien que la lettre de son frère, il n'y est pas fait mention de remise de papiers qu'au cas que l'histoire ne parvienne pas à l'impression, au lieu que dans la lettre postérieure à cet engagement, soit que l'ouvrage soit imprimé ou non, les papiers doivent être remis dès qu'ils deviennent inutiles; or ils le sont de l'aveu même de Monsieur le curé, qui m'écrit le 6 novembre dernier, que cette histoire est à sa perfection.

« J'ai l'honneur d'être,

« F. P. Hennecart.

« Paris, 7 décembre 1765. »

IV

Dessein de l'histoire de Picardie, par Ducange

LIVRE XIII

Du comté de Boulenois; son étendue; bonté et fertilité du pays; du pays des Morins.

Histoire des comtes de Boulongne.

Sénéchaux de Boulongne; gouverneurs de Boulongne.

LIVRE XIV

De la ville de Boulongne, ses antiquités, sa description, etc.

De l'évêché de Boulongne; pouillé des bénéfices.

Suite des évêques de Térouanne et de Boulongne.

Des villes d'Estaples, de Wissan, et par occasion d'Icius Portus, de Monthulin et autres lieux remarquables du comté de Boullenois.

LIVRE XV

Du Pays Reconquis et son étendue.

De la ville de Calais, ses antiquités, ses gouverneurs.

De la ville et des seigneurs d'Ardres.

De Guines, des comtes de Guines.

De Hames, des seigneurs de Hames.

Des autres lieux remarquables du Pays Reconquis.

V

ARCHIVES DU PAS-DE-CALAIS

—

Extrait du Tableau général numérique par fonds des Archives départementales antérieures à 1790, publié par la commission des Archives départementales et communales (Gadebled, secrét.). Paris, Imp. nat., 1848.

Archives du Pas-de-Calais, à Arras

§ 1er. — ARCHIVES CIVILES

1° Intendance de Picardie pour le Boulonnais, de 1694 à 1790, 49 liasses.

2° Intendance de Picardie pour les gouvernements de Calais, Ardres et Montreuil, de 1702 à 1790, 100 liasses.

3° Seigneuries diverses (95 fonds), de 1353 à 1790, 40 registres, 7 plans, 58 liasses, 405 chartes isolées ou titres sur parchemin.

4° Familles (88 fonds), de 1299 à 1790, 21 registres, 2 plans, 79 liasses, 720 chartes isolées ou titres sur parchemin.

5° Communauté des marchands de Boulogne, de 1778 à 1793, 1 liasse.

§ 2. — ARCHIVES ECCLÉSIASTIQUES

6° Cures, bénéfices et chapelles (48 fonds), de 1439 à 1790, 1 volume, 5 liasses, 18 chartes isolées ou titres sur parchemin.

7° Fabriques (84 fonds), de 1574 à 1794, 4 registres, 1 plan, 14 liasses, portefeuilles ou cartons, 62 chartes isolées ou titres sur parchemin.

Il n'est indiqué aucun fonds concernant les abbayes, prieurés, etc., du Boulonnais.

VI

Lettre de M. le ministre de l'instruction publique à M. Saint-Joanny

M. G. Saint-Joanny a adressé au ministre de l'instruction publique plusieurs Mémoires sur la question des archives notariales antérieures à 1789 ; voici la réponse qui lui fut faite à cette occasion.

« 19 février 1861.

« J'ai fait placer sous les yeux du comité historique institué près mon ministère le Mémoire que vous m'avez fait l'honneur de m'adresser... Le comité a accueilli avec un vif intérêt ce travail, qui prendra place dans ses Archives. Sans vouloir la réunion dans un dépôt unique de tous les actes intéressant les communes, ce qui serait impraticable, il s'associe volontiers aux vœux que vous formez dans l'intérêt de notre histoire locale. L'administration a déjà, du reste, réalisé en partie ce que vous demandez, et des mesures ont été prises par le ministère de l'intérieur pour favoriser, autant que possible, le dépôt des anciens actes notariés dans les Archives départementales, où des inventaires en sont dressés avec le plus grand soin.

« Recevez, etc.

« *Le Ministre de l'instruction publique,*
« Et par autorisation,
« *Le Directeur du personnel et du secrétariat général,*

« G. Rouland. »

En 1864, M. Baroche, ministre de la justice, a adressé aux procureurs impériaux une circulaire ayant pour objet la constatation de la nature et de l'importance des minutes anciennes se trouvant dans chaque arrondissement, les moyens de les conserver et de les réunir en un dépôt.

VII

LIMITES DU BOULONNAIS

—

1° *Étendue de la coutume du comté de Boulogne et des pays voisins*

L'extrait qui suit est tiré d'un ouvrage estimé sur la matière, dû à la plume d'un savant fort compétent et fort regretté, M. Klimrath (1). Il résume d'une façon très-claire et très-précise la question.

« Au nord de la prévôté de Montreuil-sur-la-Mer, au bailliage d'Amiens, s'étendait, entre l'Artois et la mer, le territoire des coutumes générales du comté, pays et sénéchaussée de Boullenois ; on y suivait, outre les générales, les coutumes de la ville, basse ville, bourgage et banlieue de Boulogne-sur-la-Mer, celles du lieu et bourgade de Desvrenes, celles de la ville et banlieue d'Étaples-sur-la-Mer, celles de la ville de Wissant, celles du village de Herly, celles de la terre et seigneurie de Quesques en Boulenois ; enfin celles du bailliage de Nédonchel, enclavé dans l'Artois (2).

« Lors de la première rédaction de la coutume d'Amiens... l'Artois tout entier était divisé entre la prévôté de Montreuil et la prévôté foraine de Beauquesne, et les officiers de ces deux prevôtés élevaient des prétentions jusque sur le Boulenois et sur les châtellenies de Lille, Douay et Orchies ; mais ces prétentions trouvèrent une résistance invincible dans les officiers du Boulenois et des châtellenies alors françaises de Flandre (3).

« Si les prétentions élevées par les officiers de la prévôté de Montreuil sur le Boulenois restèrent sans succès, à plus forte raison, Calais, ancienne dépendance du comté de Boulogne, mais

(1) *Travaux sur l'histoire du droit français*, par Klimrath, t. II ; *Études sur les coutumes*, passim.

(2) *Nouvelle coutume du Boulenois*, art. 12.

(3) *Procès-verbal de l'anc. coutume d'Amiens.* — *Coutume gén.*, t. 1, p. 113 et 114.

occupé alors par les Anglais, ne pouvait-il dépendre de cette prévôté. Le bailliage souverain d'Ardres et du comté de Guines, au
contraire, situé entre le territoire de Calais et la partie de l'Artois
qui ressortissait à Montreuil, était compris dans cette même prévôté et régi par les mêmes coutumes, sauf quelques dérogations
contenues au cahier des coutumes générales du comté de Guines (1),
rédigé en 1567, pour être ensuite présenté aux commissaires chargés
de la réformation de la coutume d'Amiens, et confirmé par eux.
Cette confirmation ne paraît pas avoir eu lieu. Mais dès avant,
Calais avait été repris sur les Anglais, en 1558, et la question s'é-
leva de savoir par quelles coutumes devaient être gouvernés les
Pays Reconquis. Par ses lettres de 1571, Charles IX octroya aux
colons qui y avaient été envoyés d'user de la coutume de Paris, ce
qui, vraisemblablement, ne fut pas à la convenance de tous les habitants. Aussi le Parlement ordonna-t-il qu'avant de procéder à la
vérification de cette coutume, les gens des trois états s'assemble-
raient à Calais, pour aviser entre eux si la coutume de Paris, dont
il leur serait donné lecture, serait par eux reçue, observée et gar-
dée. Les coutumes de la ville de Calais et Pays Reconquis furent
rédigées en conséquence en 1583 ; mais il est important de remarquer que les états d'Ardres et de Guines, qui avaient assisté aux
deux rédactions des coutumes d'Amiens en 1507 et 1567, furent
aussi convoqués en 1583, à la publication des coutumes de Calais,
et y assistèrent sans opposition (2). Depuis lors, le bailliage d'Ardres
et le comté de Guines se trouvèrent distraits des coutumes de la
prévôté de Montreuil et du bailliage d'Amiens. La ville de Calais
avait quelques usances particulières dérogeant à la coutume générale des Pays Reconquis.

« En dehors de ces coutumes, il y avait encore, dans le ressort
du conseil d'Artois, les coutumes de la seigneurie, mairie, éche-
vinage et vicomté de Nielles-lès-Boulenois, les coutumes du pays
de l'Angle, démembré de la châtellenie de Bourbourg en Flandre,
et réuni au bailliage de Saint-Omer. Il contient quatre paroisses,
savoir : Saint-Nicolas, Sainte-Marie-Kerke, Saint-Omer-Capelle (ou
Saint-Omaers-Kerke), et Saint-Folquin.

(1) V. l'intitulé de ces coutumes et leur art. 23 et dernier.
(2) *Coutume gén.*, t. I, p. 21, 115, 204, 206.

« ... Les coutumes de la ville et châtellenie de Tournehem, ville d'Audreuick et pays de Brédenarde, jadis distraits du comté de Guines. Cette coutume supplée à la coutume de Guines, et ce n'est qu'en second lieu qu'on recourt aux coutumes générales d'Artois (1). »

VIII

Localités comprises dans le Boulonnais, le Calaisis et les dépendances (Extrait de D. Grenier, 7e paq., art. 7, t. XLIX).

« Païs Reconquis — Fort Philippe — Fort d'Haiques — Fort de l'Écluse — Waldame — Oye, Marcq, Offquerne, Vieille Église, Nouvelle Église, Fort Rebus, Fort Bâtard, Fort Rouge, Fort Brûlé, Guemp — Cologne, Saint-Pierre — Fort Nieulay, Cauchie, Rouge-Cambre — Sangate, Saint-Martin-Église, Calimotte (Caillemottes), — Escalles, Peuplingues, Rade Saint-Jean, Bessingue, Cocquette (Coquelle), Frebun (ou Fretun), les Windins, Saint-Pol, Ramsan, le Buisson, Bronningue (Bonningue), Hames, Saint-Triquais (Saint-Tricat), Nielle, Leulingue, L'O, Beauregard — Guines, Saint-Blaise, Bouqueres, Quelle, Clerson, Balingue, Andres, Campagne, les Flaquettes, Bienassise, Russolin, la Pierre, Pihen.

« Ardres, Blancar, le Montoire, Cressonnière, Nielles, Haultingues, Lostebarne, Bresnaër — Louche, Estienbecq, la Pierre, la Reconsé, Recques, Wolfus, Septfontaines, Frelingue, Laderthun, Ecotte, Rodelingue, Berg, Bouvelinghen, Bouquehaut, Montgardin, Tour des Diables, Ycuse, le Val, Clerques, Bonningue, Chapelle Saint-Loys, Saint-Martin — Alembon, Ermelinghen, Morghuen, Gainghuen, Esclemi, Courtebourne — Licques, Brou, Cahen, Audemfort, Audrehem, Herbinghen, Hocquenghen — Surques, Baingheneven, Reberges, Cauchie, Esqueulles — Alquines, Locquin, Haut-Locquin, Vasurdel, Boudelinghen, Quercamp.

« Boulenois — *Wissan*, Estrouanne, Sombres, Inghuen — *Saint-*

Inglevert. Wadetun — Audinghen, Tardinghuen, Amenzelles, Fromezelles, Hautenberg, Leubringhen — Landretun, Wintehus, Caffiers, Bainghen, Bernes — Audresselles, Waringheselles, Beringhen, Bazinghen — Ambleteuse, Pont de Selacque, Raventun Beauvrecan — Marquise, Boucquinghen, Lenlinghuen, Ferques, Beaulieu — Fiennes, le Cros, Helinghen, Locquenghen, Briscon, Hydrecan — Resty — Runquesen, Hardinghen, Rebretengue, le Maisnil, l'Ouast, Hardinghuen, Boursin, Colemberg, Cobric, Houleford, Hautenberg, la Rouville, Wierre Effroy — Wilmille, Haustebengue, Maninghen, Menedelle, Wacquinghien, Hardenthun, Offretun, Herdere, Pitefaut, Cuverville — Pernes, Souvremolin, Cluse, Bedouastre, le Conroy, Bertenl'air, Bingtun, Macquinghen, la Capelle, Conteville, Belle, Allingtun, Bellebrune — Bournonville, Lianes, Cremerez, Hautefontaine, Herbinghen, Cons, Verval, Henneveux, Nabringhen, Longueville, Coquerel, Brunemberg — *Quiesque*, Celles, Lottinghen, Vieumoustier, Calique — *Mont-Hulin*, Saint-Martin, Manneville, Geneville, Diapré, Senghier, Bocour — Thiembrone, Boutue, Haspes, Mesnil, Senlenque — *Desvres*, Lonfossé, Wierre-au-Bois, Questreque, Wirevigne, Sainte-Gertrude — *Bolemberg*, la Pature, Questinghen, Hesdinabbe, Quehen, Isque, Eschinghen, Outrehard — Boulogne, Saint-Martin-au-Bois — Tour-d'Ordre, Ordre, la Poterie, Treslinctun, Honvaux, la Dunette — Outreau, Fort de Châtillon, Fort d'Outreau, Cappescure, Verdevoye, Saint-Liénard, le Portet, Torbinghen, Estegate — Saint-Étienne, Alfrengue, Maninghen, Enquien, Elcau, Audisque, Pont de Brique, Hermerangue, le Manoir, la Targe, Ecame, Hesdigneule — Samer, A. B. H. (abb. bened. hom.), Hanlequer (ou Homlequier), Carly, Longueluque, Blesel — Bourthes, Mieurle, Combermont, Trois-Marques, les Sept-Voyes, Courset, Cours, les Auteux, Gournay, le Castellet, Vicquinghen, Assonval — Rumilli-le-Comte, Fasque, *Aix en Enyguier*, Ergine — Hucqueliers, Herly, Verdure, Avernes, Maninghen-au-Mont, Henaville, Bimontt, Preure, Preurelle, Enquin, Enquinehaut — Doudeauville, Puchelard, Sehen, Beusinghen, Parenty, Veillame, Rollers, Secquiers, Laccres, Dalles, Beaucorroy — Tingry, le Broue, Menty, Floringtun, Verlingtun — Hardelot, Chocquel, Condette, le Bec — Neufchatel, Saint-Terien, la Rivière, Nelles — Dannes, Pelicamp — Fren, le Tourne, Widenen, Rosenmer, Courne, les Prés, Ligue, Courteville — Camiers, le Fayel, le Faux — Estaples, Fromesen, la Roque, Tubersent, Zelucque, Audic — Longvillers, A. B. H., Mareville, Brequesen, Enocq, Tativille, Longvillers — Hubersent, Cormont, Nyembourg, Hallinguehem, Bernieulles — Montcavrel, Recque, Forde, Inquesen, Benquesen, Menege — Chenleu (Clenleu), Engodsen, Toutenval, Alette, Estreu, Saint-Michel, Quilen — Estrée, Estraville, Sempy, Berme — la Neuville, Athin, Beutin, le Charte, Marles, Hurtevent.

IX

Lettre de **M.** *Martial Delpit à* **M.** *le maire de Boulogne*

« Monsieur le Maire,

« Je réponds bien tard à la lettre que vous m'avez fait l'honneur de m'écrire le 11 avril dernier. Je voulais joindre à ma réponse l'état des documents relatifs à l'histoire de la ville de Boulogne que j'ai trouvés dans les Archives anglaises. C'est là le motif de mon retard, et ce qui, j'espère, me servira d'excuse auprès de vous.

« M. le ministre de l'instruction publique m'a confié une mission dans le Midi, presque aussitôt après mon retour de Londres, et je n'ai pu encore trouver le loisir de mettre mes notes en ordre et de rechercher tout ce que je puis avoir sur Boulogne; mon séjour ici se prolongeant, je ne veux pas attendre plus longtemps, Monsieur, à vous donner les quelques renseignements qu'il est en mon pouvoir de vous transmettre dès aujourd'hui.

« Il existe à la *Tour de Londres*, au *Musée britannique*, au dépôt de *Carlton Ride* et au *State paper Office*, un assez grand nombre de pièces relatives à l'histoire de Boulogne et du Boulonnais pendant l'occupation anglaise. Dans les deux voyages que j'ai faits à Londres, j'ai recueilli l'indication d'un certain nombre de ces pièces, et j'en ai transcrit quelques-unes en entier, mais le dépouillement n'est pas achevé, et je compte bien le terminer cette année, en allant poursuivre le grand travail que j'ai commencé, pour faire connaître de ce côté-ci du détroit les documents que les Archives et les Bibliothèques de Londres offrent pour notre histoire. Au moment de mon départ, j'aurai l'honneur de m'entendre avec vous, Monsieur le Maire, pour les copies que vous désireriez faire faire dans l'intérêt de votre ville. En attendant, je vous promets d'employer les premiers moments dont je pourrai disposer à faire la note des pièces relatives à Boulogne, que j'ai déjà recueillies.

« Veuillez agréer,

« *Signé* : Martial DELPIT.

« Condom, 15 août 1845. »

X

Extrait des Registres des délibérations de la commune de Guines, Reg. G, art. 60, 62 et 65.

« 12 brumaire an II. — Le citoyen Dessaux, notaire en cette commune, a fait déposer au greffe une manne remplie de papiers, qui sont : 1° les titres et papiers terriers de la ci-devant baronnie d'Andres, qui lui avaient été confiés par le citoyen Desandrouin, ci-devant propriétaire ; 2° un dossier contenant les titres du ci-devant fief de Reux, sis à Bouquehault, appartenant ci-devant au citoyen J.-B^te Midon.

« Il a demandé acte de ce dépôt et a déclaré qu'il allait continuer ses recherches dans les minutes qui se trouvent dans son étude, pour en extirper jusqu'aux moindres traces de féodalité. »

« 22 brumaire an II. — Le citoyen Jean-Louis-Nicolas-Joseph Dessaux, notaire, est entré, et, pour satisfaire au décret du 17 juillet dernier, il a remis sur le bureau un paquet contenant 308 minutes d'aveux et dénombrements, rapports et déclarations à papier terrier, baux à cens, baux de dîme et de pêche, transactions sur matières féodales, tant de son étude que de celles de ses prédécesseurs, avec déclaration qu'il va continuer ses recherches de la manière la plus exacte, pour extirper absolument de son cabinet tout ce qui peut avoir rapport à la féodalité.

— « L'an second de la République française une et indivisible, le premier frimaire, trois heures après midi, nous, maire et officiers municipaux de Guines, soussignés, en présence du procureur de la commune, du secrétaire greffier et d'une multitude de citoyens, avons procédé au brûlement des titres de la ci-devant baronnie d'Andres, ayant appartenu au citoyen Desandrouin, de titres de noblesse remis par la citoyenne veuve Bournonville, de cette commune, et des titres de féodalité remis par les citoyens Charles-Marie Guizelin et Daniel Guizelin, aussi de cette commune, et des actes et minutes remis par le citoyen Dessaux, notaire. Lesdits titres déposés au greffe de cette municipalité, et toutes ces pièces ayant été attachées à une perche d'environ 15 pieds de haut, plantée sur la place, et amoncelées au pied de ladite perche, nous y avons mis le feu et sommes restés jusqu'à ce que le tout fût entièrement consumé. Dont et de quoi, etc. »

BIBLIOGRAPHIE DU BOULONNAIS

BIBLIOGRAPHIE

GÉOGRAPHIQUE ET HISTORIQUE

DU BOULONNAIS

PREMIÈRE PARTIE

GÉNÉRALITÉS

Iʳᵉ SECTION. — GÉOGRAPHIE

CHAPITRE PREMIER

DESCRIPTION PHYSIQUE ET GÉOGRAPHIQUE DU BOULONNAIS ET DU PAYS RECONQUIS

1º GÉOLOGIE, HYDROGRAPHIE

GÉNÉRALITÉS

1. — Atlas et description minéralogique de la France, entrepris par les ordres du Roi, par MM. Guettard et Monnet, publié par M. Monnet.

Paris, Didot aîné, in-fol., 1780.

La partie concernant le Boulonnais est comprise dans la Iʳᵉ partie, p. 26 à 44, 2 cartes.

2. — Mémoire sur la minéralogie du Boulonnais dans ses rapports avec l'utilité publique, tiré des *Mémoires*

des cit. Duhamel, Mallet et Monnet, officiers des mines,
et de ceux du cit. Tiesset, de la commune de Boulogne.

Journal des mines, Ier vol., p. 34.

V. enc. : Description géologique et minéralogique du Boulonnais, dans l'Essai de la géologie du nord de la France, par d'Omalius d'Halloy.

Ibid., t. XXIV, p. 348.

3. — Mémoire géologique sur les terrains du bas Boulonnais, principalement sur les calcaires compactes ou grenus qu'ils renferment, par F. Garnier.

Boulogne-sur-Mer, P. Hesse, 1823, 1 vol. in-4°.

Ce mémoire a été couronné par la Société d'agriculture, du commerce et des arts de Boulogne-sur-Mer, le 15 juillet 1822, et imprimé par ses ordres. — Un extrait en a été inséré dans les Annales des mines, IXe vol., p. 571.

4. — Essai sur la constitution géognostique des environs de Boulogne-sur-Mer, par M. Rozet.

Mém. de la Soc. d'histoire natur. de Paris, IIIe vol. Paris, in-8°, 1826.

5. — Description géognostique du bassin du bas Boulonnais, par M. Rozet, ing. hydr.

Paris, impr. Selligue, in-8°, 1828. Carte.

V. enc. du même auteur : Cours élémentaire de géognosie, fait au dépôt général de la guerre. *Paris, 1830, in-8°, p. 308, et 1 pl.*

6. — Notes sur le Boulonnais, notamment sur ses ossements fossiles, ses marbres, etc., par M. Eug. Robert.

Bulletin de la Soc. géol. de France, IVe vol., p. 310 (1).

7. — Documents sur la géologie du Boulonnais. —

(1) La Société géologique de France fait paraître deux genres de publications : un *Bulletin* périodique et un *Recueil de mémoires.*

Réunion extraordinaire de la Société géologique à Boulogne-sur-Mer ; séances du 8 au 13 septembre 1839.

Bulletin de la Soc. géol. de France, t. X, p. 385-452. Cartes et plans. — Quelques tirages à part. Br. in-8° de 72 p. et 1 plan.

« Vingt membres de la Société vinrent tenir à Boulogne une session d'exploration et de discussion, qui dura six jours, du 8 au 13 septembre. La matinée était employée à faire des courses, et le soir on tenait séance dans l'une des salles de la Bibliothèque. La Société visita les falaises depuis la Tour-d'Ordre jusqu'à la Pointe-aux-Oies, le cap Gris-Nez, les minerais de fer de Pichevert, la rivière de Blacourt, les carrières et les terrains houillers des cantons de Marquise et de Guines ; ses travaux furent suivis par un assez grand nombre de géologues et d'amateurs de la ville et d'autres localités. » (Fr. Morand, Année hist. de Boulogne-sur-Mer, p. 208.)

Un compte rendu sommaire de cette session a été aussi publié dans l'*Annotateur* de Boulogne du 2 janvier 1840 (n° 843, p. 6.)

V. aussi : Observations sur la manière de rédiger la statistique minéralogique et géologique du département du Pas-de-Calais, par M. Garnier.

Mém. de l'Acad. d'Arras, IIe vol., p. 285.

8. — Lettres de M. H. Fitton, sur la constitution géologique du Boulonnais, avec 1 pl.

Bulletin de la Soc. géol. de France, Xe vol., p. 436 (tirage à part du n° 1er).

9. — Description géologique du bas Boulonnais, par MM. Dufrénoy et Élie de Beaumont.

Ap. Explication de la carte géologique de France, des mêmes auteurs, IIe vol., p. 549-80. Paris, Imp. Nat., in-4°, 1848. V. infr. n° 23, et la carte géologique de du Souich.

V. aussi : 1° Histoire des progrès de la géologie, par d'Archiac, *passim*; 2° Cours élémentaire de paléontologie et de géologie stratigraphique, par Alc. d'Orbigny, *in-8°, Paris, 1852.* — Détails sur le devonien, le jurassique et le crétacé du Boulonnais, IIe vol., p. 318; 3° La Paléontologie française et le Prodrome de paléontologie, du même auteur, *passim*.

10. — Notice stratigraphique sur le bas Boulonnais, par M. Edm. Rigaux.

Bulletin de la Soc. Acad. de Boulogne-sur-Mer, Ier vol., 1865 (tirage à part, Boulogne, 1866, in-8°).

TERRAINS PRIMAIRES

11. — Sur les roches devoniennes, type particulier de l'*old-red-sand-stone* des géologues anglais, qui se trouvent dans le Boulonnais et les pays limitrophes, par M. Murchison.

Bulletin de la Soc. géol. de France, XIe vol., p. 229.

12. — Description de quelques-unes des coquilles fossiles les plus abondantes dans les couches devoniennes du bas Boulonnais, par M. Murchison.

Ibid., p. 250.

13. — Notes sur les terrains anciens du bas Boulonnais, par M. de Verneuil.

Ibid., IXe vol., p. 388, et Boulogne-sur-Mer, Le Roy-Mabille, extrait de la Boulonnaise, 2 et 9 octobre 1859.

14. — Des caractères et des limites du terrain devonien inférieur dans le bassin Boulonnais-Westphalien, par M. J. Delanoue.

Ibid., 1849-50, p. 563.

L'auteur a voulu exprimer, par cette double dénomination de Boulonnais-Westphalien, la liaison des dépôts anciens de la Westphalie avec ceux du bas Boulonnais.

15. — Description du genre *Limanomya* et de ses espèces dans le terrain devonien Boulonnais, par M. Bouchard-Chantereau.

Catal. du British Museum, 1850.

16. — Des terrains paléozoïques du Boulonnais, et de leurs rapports avec ceux de la Belgique, par M. J. Delanoue.

Bulletin de la Soc. géol. de France, 1851-52, p. 599. Carte.

17. — 1° On the series of upper paleozoic groups in the Boulonnais, by Robert A. C. Austen, esq. (De la série des groupes paléozoïques supérieurs du Boulonnais).

Quaterly Journal of geologic Society. — London, IX° vol., p. 251. (Bibl. Imp.)

2° Note by D. Sharpe, esq.

Ibid., p. 246.

18. — Mémoire sur les terrains primaires de la Belgique, des environs d'Avesnes et du Boulonnais, par J. Gosselet.

Gr. in-8°. Paris, Martinet, 1860. Carte.

19. — Note sur la présence du genre *Phorus* en Boulonnais, par E.-E. Deslonchamps.

Bulletin de la Soc. linnéenne de Normandie. Caen, 1859, in-8°, pl.

20. — Mémoire sur les questions proposées par la Société d'agriculture, du commerce et des arts de Boulogne-sur-Mer, concernant les recherches entreprises à différentes époques dans le département du Pas-de-Calais, pour y découvrir de nouvelles mines de houille, par M. F. Garnier.

Boulogne, impr. Le Roy-Berger, 1828, in-8°. Cartes.

Ce mémoire a été couronné, comme celui indiqué plus haut (n° 3), par la Société d'agriculture, etc., de Boulogne-sur-Mer, dans la séance du 9 juillet 1827, et imprimé par ses ordres.

V. aussi : Essai sur les recherches de la houille dans le nord de la France, par M. A. du Souich. *1 vol. in-8°, Paris, Carillon-Gœury, 1859.*

21. — Report upon the mineral district of the bas Boulonnais (Rapport sur le district minéral du bas Boulonnais).

Boulogne, impr. Birlé, in-12, 1856.

Ce rapport a été adressé par M. J.-W.-S. Gardiner, ingénieur, à M. Lomax, esq., sur la richesse des gisements houillers du bas Boulonnais, et le parti qu'il pourrait en tirer.

22. — Terrains houillers de Hardinghen, dans le bas Boulonnais, par M. de Bonnard.

Bulletin de la Soc. géol. de France, t. III, p. 150.

23. — Terrains houillers du bas Boulonnais, par MM. Dufrénoy et Élie de Beaumont.

Ap. Explicat. de la carte géol. de France, Ier vol, p. 777 (V. sup. n° 9).

———

La compagnie des Charbonnages de Fiennes, Hardinghen, etc., possède des documents relatifs à l'exploitation depuis le commencement du xviiie siècle, qui seront consultés avec fruit.

TERRAINS SECONDAIRES

24. — Rapport géologique entre les terrains du Boulonnais et ceux du département de l'Aube, par M. Clément Mullet.

Bulletin de la Soc. géol. de France, XIIe vol., 1840, p. 54.

25. — On the geological structure of the Wealden district and of the bas Boulonnais, by W. Hopkins (De la structure géologique du district Wealdien et de celle du bas Boulonnais).

Transactions of the geol. Society of London (1), VIIIe vol., 1re part., 1845 (Bibl. Imp.).

(1) La Société géologique de Londres a trois genres de publications : 1° le *Quarterly Journal* (périodique); 2° les *Proccedings* (Procès-verbaux et Bulletins); 3° les *Transactions* (Mémoires).

26. — Terrains portlandien et kimméridien du bas Boulonnais.

Il résulte d'une lettre adressée à M. Viquesnel, par M. Thomas Davidson (esq., de Brighton), datée de Boulogne du 21 nov. 1845, et insérée dans le Bulletin de la Soc. géol. (1845-46, p. 101), que ce dernier préparait à cette époque un volumineux Mémoire accompagné de 30 pl., sur les terrains portlandien et kimméridien du bas Boulonnais. M. Davidson, auquel je me suis adressé pour avoir des renseignements sur ce travail, annoncé depuis si longtemps, a bien voulu m'informer que son grand ouvrage sur les brachiopodes fossiles de la Grande-Bretagne l'ayant forcé de remettre à une autre époque le projet de terminer ce qu'il avait commencé sur le kimméridien et le portlandien du bas Boulonnais, il met tous ses dessins à la disposition de la personne qui s'occuperait de cette importante partie de la géologie du Boulonnais.

M. Bouchard-Chantereau, de Boulogne, qui s'est occupé des mêmes études avec autant de science que de persévérance, et avec la collaboration duquel devait être exécuté le travail dont il vient d'être parlé, a recueilli un grand nombre d'espèces échappées à M. Davidson, et qui faisaient partie, à son décès, de sa riche collection acquise, moyennant 12,000 fr., par un amateur du Havre; le Musée de Boulogne, qui possédait déjà la plupart des espèces qui la composaient, n'ayant pas cru, pour cette raison, devoir en offrir un prix aussi élevé.

27. — Études sur la falaise de Saint-Pot, par M. d'Archiac.

Mém. de la Soc. géol. de France, IIIe vol., p. 504.

Le Mémoire de M. d'Archiac est intitulé : « Observations sur le groupe moyen de la formation crétacée; » il contient à l'endroit indiqué des détails très-importants sur la constitution géologique des falaises qui avoisinent le cap Blanc-Nez.

28. — Sur la découverte de l'*Ostræa Leymerii* à Wissant, par M. Albert Gaudry.

Bulletin de la Soc. géol. de France, t. XVII, p. 50.

29. — Note sur les couches néocomiennes et albiennes de Wissant, par H. Le Hon.

Bulletin de la Soc. géol. de France, 2e série, t. XXI, p. 14-16.
Paris, 1865, in-8º.

30. — Kimméridien du bas Boulonnais, par Ch. Contejean, p. 177 et suiv.

Ap. Etude de l'étage kimméridien dans les environs de Montbéliard et dans le Jura, la France et l'Angleterre, p. 177 et suiv., 1 vol. in-8°, 1859. — Extrait des Mém. de la Soc. d'émulat. du Doubs.

V. enc. : Les mers anciennes et leurs rivages dans le bassin de Paris, 1re part., terrains jurassiques, par M. Hébert, *1 vol. in-8°, Paris, 1857, p. 73, 80, 83.*

31. — Le golfe de Wissant, son remaniement, par M. Alc. d'Orbigny.

Bulletin de la Soc. géol. de France, XIVe vol., p. 542.

32. — Système oolithique inférieur du Boulonnais.

Ap. Notes pour servir à la géologie du Calvados, 3e note, par E.-E. Deslonchamps. Caen, 1863, br. in-8°, p. 20 et suiv.

V. aussi : Notes sur quelques espèces nouvelles du genre *Trigonie,* par M. Munier-Chalmas. *Br. in-8°, Caen, 1865. (Extr. du IXe vol. du Bulletin de la Soc. linn. de Normandie.)* L'auteur y décrit et figure cinq espèces du Boulonnais.

33. — Versuch einer allgemeinen classification des schichten des oberen Jura, par W. Waagen (Essai de classification des couches supérieures jurassiques).

Munich, 1865.

Ce mémoire donne, p. 31 et suiv., la concordance des terrains jurassiques du Boulonnais. Il a été analysé dans le XXIe vol. (1865) du Quart. Journ. of the geol. Soc. of Lond., p. 440 à 443, sous le titre de : « Attempt at a general classification of the upper Jurassic strata. »

34. — 1° Note sur les assises supérieures du terrain jurassique de Boulogne-sur-Mer, et croquis des falaises situées entre Wimereux et les moulins de Ningle, par M. Edm. Pellat.

Bulletin de la Soc. géol. de France, XXIIIe vol., p. 193 (tirage à part, br. in-8°).

2° Note sur le terrain jurassique du Boulonnais, par
M. Hébert.

Ibid., p. 216, br. in-8º.

A la suite de ces communications, M. Sæmann a présenté
quelques observations (p. 246).

35. — Catalogue des poissons des formations secondaires du Boulonnais, par M. Em. Sauvage.

*Mém. de la Soc. Acad. de Boulogne-sur-Mer, IIe vol., 1867.
82 fig. par M. E. Hamy.*

36. — Note sur une espèce nouvelle *d'ischyopodes*
de l'argile kimméridgienne de Châtillon, près de Boulogne-sur-Mer, par M. Ern. Hamy.

Bulletin de la Soc. géol. de France, 2e série, XXIIIe vol., p. 654.

V. enc. : 1º Mémoires sur les fossiles de l'Artois, par M. Martel.

Arras, Michel Nicolas, 1765, in-12.

2º Observations sur les minéraux de l'Artois, par le même.
Ms., 1760.

3º Mémoire sommaire sur les fossiles d'Artois, par M. Enlard
de Grandval. Ms.

Ces deux Mss. se trouvent dans les registres de l'ancienne
Société littéraire d'Arras.

TERRAINS QUATERNAIRE ET CONTEMPORAIN

37. — Dissertation sur l'ancienne jonction de l'Angleterre à la France, qui a remporté le prix au jugement de
l'Académie d'Amiens, en 1751, par Desmarets.

Paris, Chambert, 1755, in-12. Cartes et pl.

38. — Recherches historiques et physiques sur l'isthme
marin qui est situé entre Calais et Douvres, sur la jonction
de la France et de l'Angleterre, et sur les inondations et

le desséchement de la Flandre, de la Hollande et de l'Angleterre, par M. Gobet.

Observat. sur la physique, etc., ou Journal de physique, etc., de l'abbé Rozié, n° de février 1777, p. 82 et 170.

V. aussi : 1° un Mémoire de Buache, intitulé : « Essai de géographie physique, où l'on propose des vues générales sur l'espèce de charpente du globe composée de chaînes de montagnes qui traversent les mers, etc. »

Mém. de l'Acad. des sciences, 1752, p. 399. Cartes. — La partie concernant le Pas-de-Calais se trouve p. 412 et suiv.

Ce mémoire et les autres communications de Buache sur le même sujet (*Ibid., 1757*) sont accompagnés de cartes, notamment : 1° carte et profils du canal de la Manche; 2° carte et coupe du canal de la Manche, et une partie de la mer d'Allemagne, qui présentent, par une nouvelle méthode, la pente du fond de ces deux mers, dressées par Ph. Buache, sur les cartes manuscrites de son système physique de la terre, qu'il a présentées à l'Académie des sciences, le 25 mai 1737 et le 15 novembre 1752, et relatives à la dissertation de M. Desmarets sur la jonction de l'Angleterre à la France.

2° Le Mémoire de Guettard, dans le vol. de 1746 de l'Histoire de l'Académie des sciences, ayant pour titre : « Mémoire et carte minéralogique sur la nature et la situation des terrains qui traversent la France et l'Angleterre, avec carte dressée par Buache. »

3° De Britannia quondam pœne insula dissertatio (par G. Musgrave).

Philosoph. transact., XXXᵉ vol. London, 1717, in-4°.

4° Isthme entre la France et l'Angleterre (*Ap.* Introduction à l'histoire générale de Picardie, par D. Grenier. — L'auteur ne fait que résumer les travaux de Musgrave et de Desmarets).

39. — Essai sur les coordinations des terrains tertiaires du nord de la France, de la Belgique et de l'Angleterre, par M. d'Archiac.

Bulletin de la Soc. géol. de France, 1859.

40. — Recherches historiques et géologiques sur

l'ancienne jonction de l'Angleterre avec la France, par Pigault-Maubaillarcq.

Journal de Calais du 29 juillet 1855, n° 547 (tirage à part, Calais, Le Roy, 1857, in-4°).

41. — Dissertation sur le Pas-de-Calais, par Morel-Disque.

Mémoires de la Soc. d'Agr., etc., de Calais, III° vol., p. 276.

Le Ms. original appartient à M. H. de Rheims, de Calais; il n'a été publié qu'après la mort de l'auteur.

42. — Isthme du *Fretum Gallicum*, par M. Lefebvre.

Boulogne, Delahodde, 1857, 1 vol. in-8°. — Impartial de Boulogne, 1857.

Extrait des Études sur les voies de communication de la ville et commune de Boulogne-sur-Mer, du même auteur.

43. — Étude sur l'avant-projet du tunnel sous-marin entre l'Angleterre et la France, par la ligne du Gris-Nez à Eastware, par M. Thomé de Gamond.

Paris, Vict. Dalmont, 1857, in-4°. Cart. et pl.

La deuxième partie de ce travail et les notes 1 et 3 contiennent une étude complète sur la géologie du littoral Boulonnais et l'origine des bancs du détroit.

V. enc. : Chemin de fer du détroit du Pas-de-Calais; tunnel sous-marin; projet et études des travaux de cette ligne, par L. Favre.

Paris, Allouard et Kœppelin, in-8°, s. d.

Le *Mining Journal* (1866) contient des détails du même genre sur un autre projet de M. Alison.

44. — On the valley of the English channel, by Robert A. C. Austen, esq. (Sur la vallée du canal d'Angleterre).

Quart. Journ. of the geolog. Soc., 6° vol., 1° part., p. 69. Carte.

45. — Discours d'une merveilleuse et véritable copie du grand déluge entre Douvres et Calais.

Paris, 1580, in-8°.

Facétieux écrit sur la question de l'isthme du Pas-de-Calais.

46. — On the superficial accumulations of the coasts of the English channel, and the changes they indicate, by Godwin-Austen (Sur les accumulations superficielles du détroit d'Angleterre et sur les changements qu'elles indiquent).

> *Quart. Journ. of the geol. Soc. of Lond., janv. 1851, VIIe vol.* (*Bibl. Imp.*)

> L'auteur y parle du quaternaire du Boulonnais.

> *V.* enc. : « Sangatte beach » (Plage de Sangatte). *Ap.* On the Kainozoic formation of Belgium, by Godwin-Austen. *Ibid.*, *janv. 1866, br. in-8°.*

47. — 1° On the drift at Sangatte cliff, near Calais, by J. Prestwich jun., esq. (Du *diluvium* des falaises de Sangatte, près Calais).

> *Ibid., nov. 1851, VIIe vol., p. 274.*

2° Additional observations on the raised beach of Sangatte, with reference to the date of the English channel, and the presence of lœss in the cliff section, by J. Prestwich (Observations additionnelles sur les soulèvements de la plage de Sangatte, et leur rapport avec l'âge du canal d'Angleterre et la présence du lœss dans la falaise).

> *Ibid., nov. 1867, br. in-8°.*

> *V.* enc. : 1° Histoire du progrès de la géologie — Terrains quaternaires, par M. d'Archiac, *IVe vol., 1848. passim*; 2° du terrain quaternaire et de l'ancienneté de l'homme dans le nord de la France, par M d'Archiac; *br. in-8°, Paris, 1863.*

48. — Sur le lœss de Châtillon, près Boulogne-sur-Mer, par M. Em. Sauvage.

> *Bulletin de la Soc. d'anthrop. de Paris, 18 janv. 1866.*

49. — 1° Étude sur les terrains quaternaires du Boulonnais et sur les débris d'industrie humaine qu'ils renferment, par MM. Em. Sauvage et E. Hamy.

> *Paris, E. Lacroix, in-8°, 1866.*

Ce mémoire contient, à la suite de chaque chapitre, des indications bibliographiques utiles à consulter.

2° Note sur les terrains quaternaires du Boulonnais, par MM. Em. Sauvage et E. Hamy.

Bulletin de la Soc. géol. de France, 2e série, XXIIIe vol., juin 1866.

50. — Note sur les grottes de la Basse-Falise, près Hydrequent, Pas-de-Calais, par M. Em. Sauvage.

Bulletin de la Soc. Acad. de Boulogne-sur-Mer, 1866, n° 1 (tirage à part, in-8°, Boulogne, 1866).

51. — Recherches sur cette question : La mer a-t-elle eu un changement de place et de niveau progressif dans l'étendue de côte comprise entre Sangatte et la Frise? par Férussac.

Journal de phys., etc. Observat. sur la phys., etc., par l'abbé Rozié, juin 1789, XXXIVe vol.

« Ce mémoire, où l'érudition vient appuyer les preuves géologiques, fit abandonner par tous les esprits non prévenus l'opinion alors en vogue, que la mer gagnait d'un côté ce qu'elle perdait de l'autre. » (Quérard, v° Daudebart de Férussac.)

52. — Pas-de-Calais; examen des talus de ce pas, par Buache.

Mémoires de l'Acad. des sc., 1772, p. 412.

53. — Mémoire sur les changements que la côte d'Anvers à Boulogne a subis, tant à l'intérieur qu'à l'extérieur, depuis la conquête de César jusqu'à nos jours, par M. Belpaire.

Nouveaux Mémoires des prix de l'Acad. de Bruxelles, VIIe vol., 1827 (tirage à part, Bruxelles, 1827, 176 p. in-4°).

Ce sujet avait été proposé en prix.

54. — Dissertation sur le *Sinus Itius*, par M. Deschamps.

Mémoires de la Soc. des Antiq. de la Morinie, Ier vol., p. 251.

V. aussi *infr.* v° *Portus Itius.*

Le problème de la position géographique du *Portus Itius* de J. César est un des plus controversés de l'ancienne topographie de la Gaule. Il a divisé les géographes des deux derniers siècles, et il passionne encore aujourd'hui les archéologues. N'étant ici traité que des généralités, ce n'était pas le lieu de présenter le détail des mémoires fournis sur ce sujet; on les trouvera dans la 2° partie, v° *Portus Itius.*

55. — De l'existence d'un golfe *Itius* ou *Sinus Itius* qui aurait existé de Saint-Omer aux bouches de l'Aa; communication de M. Lion.

Congrès archéol. de France 27e session, XXIVe vol., p. 50.

56. — Mémoire sur l'ancien état de la Flandre maritime, sur les changements successifs qui y sont arrivés et les causes qui les ont produits, sur la nature de son climat et de son sol, sur les marées de cette côte et leur comparaison avec la hauteur de différentes parties du pays adjacent, par A. E. Mann.

Anciens Mémoires de l'Acad. de Bruxelles, Ier vol.

57. — Recherches sur la configuration des côtes de la Morinie, par M. Fl. Lefils.

Abbeville, impr. Housse, 1859, in-8°, 2 cartes.

Ce mémoire a été couronné en 1858 par la Société des Antiquaires de la Picardie.

58. — Les dunes du Pas-de-Calais, par M. Leroy-Mabille.

Rev. litt. de Boulogne-sur-Mer, Ier vol., p. 155. Boulogne, impr. C. Le Roy, in-8°.

Cf. : 1° Le Bassin des Dunes, par M Flor. Lefils.

Extrait de l'Impartial du 20 juillet 1854.

2° Les Côtes françaises de la Manche, par le même.

Paris. Delcambre, 1854, in-4°, 2 cartes.

3º Observations sur cette brochure, par M. Mary.

Amiens, Yvert, in-8º, 1854.

4º A propos du bassin des Dunes; Réponse à M. Mary, par Flor. Lefils.

Extrait du Commerce de la Somme; Amiens, Caron. 1854.

Ces brochures ne présentent d'ailleurs qu'un intérêt fort indirect pour les études géologiques et géographiques du Boulonnais.

59. — Études géognostiques des environs de Calais, par M. Thorent.

Alman. de Calais, 1849, p. 29; Calais, impr. Le Roy.

60. — Notice sur les tourbières du département du Pas-de-Calais, par M. de Bonnard.

Annuaire statistique du Pas-de-Calais pour 1810.

Un extrait a été inséré dans le Journal des Mines, XXVIᵉ vol., p. 121.

V. aussi : les Ossements humains des tourbières de la Flandre, par M. C.-H. Merren.

Messager des Sciences et des Arts de la Belg. Nouv. sér. Bulletin de l'Acad., 2ᵉ vol., p. 110.

HYDROGRAPHIE

61. — Notice sur les eaux de Boulogne, par M. de Mortemart-Boisse.

Dict. minéral. et hydrol. de France, 1ᵉʳ vol., p. 194.

62. — Notions d'hydrographie générale, appliquées aux bassins du nord de la France, et spécialement au bassin de l'Aa, par le chevalier Allent.

Mémoire imprimé à la suite de l'ouvrage du même auteur, intitulé : Essais sur les reconnaissances militaires. 1 vol. in-4º, Paris, Piquet, 1827. Cartes.

Cet ouvrage est rempli de documents importants, de cartes et plans figuratifs extrêmement utiles pour le Calaisis et pour tout le littoral, relativement à la stratigraphie et aux antiquités, et surtout aux notions d'hydrographie du pays. Il a paru dans le Ier vol. de la 2e édit. du *Mémorial du dépôt général de la guerre (1826)*.

63. — Le Pas-de-Calais, études hydrographiques sur les côtes de France, par M. J.-J. Baude.

Revue des Deux-Mondes. 1er déc. 1844. p. 765 (15e année).

Tirage à part, 55 p. in-8°.

64. — Description nautique de la côte de France sur la mer du Nord, depuis Calais jusqu'à Ostende, par M. Beautemps-Beaupré.

Ap. Mémoires composant l'hydrogr. de la marine, in-4°, 1823.

65. — Le Pilote français, instructions nautiques; partie des côtes septentrionales de France comprise entre la pointe de Barfleur et Dunkerque, par M. Givry.

Ibid., in-4°, 1842. Cartes.

66. — Mémoires sur la Canche, la Liane, le Vimereu, le Selak.

Ap. Mémoires de localités, par Joffrenot et Marquet de Bourgade, Ms. in-fol Bibl. Imp., suppl. fr., n° 5023 (Cocheris, Notices, etc., n° 8).

67. — 1° Extraits topographiques sur notes découpées, concernant la rivière de Canche.

Mss. Bibl. Imp. Collection D. Grenier, 7e paq., n° 7, f° 130.

2° Notice historique sur le village de Chaourse et la rivière de Canche.

Ms., ibid., t. CLXVIII, p. 1-3.

68. — L'Aa, en latin *Agniona*, rivière du Boulonnais.

Ms., ibid., t. CLXXXI, p. 183.

69. — Note sur le Potterledz, petite rivière près Andres.

Ms., ibid., t. CLXXII, 2e paq., n° 9.

70. — Des Watringues dans le Calaisis avant 1809, par L. Devot.

Alman. de Calais, 1852, p. 104.

V. encore sur l'hydrographie, les nᵒˢ 51, 52, 53, 54, 55 et 56.

71. — Mémoire sur le Calaisis, dans lequel on traite de la nature de son sol, de l'extraction des tourbes, avec quelques observations générales sur la navigation et le desséchement de ce pays, par le citoyen Gratien Lepère, ingénieur des ponts et chaussées et des travaux maritimes de l'arrondissement de Calais.

Paris, Baudouin, germin. an X, 29 p. in-4º.

Bien que la dédicace soit datée du 18 pluviôse an X, le Mémoire est daté du 6 vendémiaire an VI. La dédicace porte : « L'ingénieur ordinaire des ponts et chaussées et travaux maritimes de l'arrondissement de Calais, aux maires et adjoints des communes de Calais, Saint-Pierre, Guines et Ardres ».

72. — Mémoire sur l'air, la terre et les eaux de Boulogne-sur-Mer et ses environs ; nouvelle édition, corrigée et considérablement augmentée, à laquelle on a joint : Constitution épidémique observée suivant les principes d'Hippocrate, à Boulogne-sur-Mer, en l'année 1759, avec des dissertations sur la maladie noire, les eaux du mont Lambert et l'origine des fontaines en général, par Desmares.

2ᵉ *édit. in-12; Paris, 1761, Vᵉ Pierres (alias Lottin).*

Une autre édition avait été imprimée en 1759, in-12, à Amiens, par la Vᵉ Godard, et dédiée au duc d'Aumont, gouverneur du Boulonnais. Desmares, qui était médecin de la ville, dédia sa seconde édition aux maire et échevins, qui, en témoignage de leur satisfaction, lui accordèrent une double année de sa pension, par délibération du 19 mai 1761. Il est dit dans la Bibliothèque historique de la France, que cette seconde édition n'est qu'un sommaire et une espèce de prospectus d'un plus grand ouvrage, qui n'a pas dû paraître (P. Lelong, n° 2399). *V.* aussi : Mém. de Trévoux, février 1760, p. 550, et mars 1762, p. 754.

2° GÉOGRAPHIE

VOIES DE COMMUNICATION

73. — Mémoire sur les voies romaines du département du Pas-de-Calais (ancien pays des Atrébates et des Morins), par M. Haigneré (1).

Mém. de l'Acad. d'Arras, 1841, p. 157. Dunkerque, impr. Benjamin Kien, in-8°, 1859. Carte.

A la suite est une lettre adressée à l'auteur, par M. Alf. Maury, secrét. de la commission de la topographie des Gaules, l'informant que cette commission adopte pleinement ses vues.

74. — Trois voies romaines du Boulonnais, par M. Cousin.

Mém. de la Soc. Dunkerquoise, t. VI, p. 400.

75. — Voies romaines dans le nord de la Gaule, par M. Tailliar.

Caen, Hardel, in-8°, 16 p., 1861.

Ce Mémoire a été lu à la session du congrès archéologique tenu à Dunkerque en 1860; il a été suivi d'une courte discussion sur la carte produite à cette occasion par l'auteur.

Congrès archéol. de France, 27e session, 1861, p. 83.

76. — Recherches historiques sur la Leulène (voie romaine de Térouenne à la mer), par M. A. Courtois.

Mém. de la Soc. des Antiq. de la Morinie, t. IX, IIe part. p. 59.

77. — Voies romaines du Calaisis.

Bulletin de la Soc. des Antiq. de Picardie, 1839-1840.

---

(1) L'auteur de ce mémoire n'est pas le même que le savant archiviste de Boulogne-sur-Mer.

Ap. Rapport sur les travaux de la commission chargée de dresser la carte de l'itinéraire romain dans la Picardie — reproduit par l'Industriel Calaisien, 20 février 1841.

78. — Description des voies romaines, vulgairement appelées Chaussées de Brunehaut, qui traversent la Picardie, et particulièrement de celle qu'Agrippa conduisit depuis Lyon jusqu'à Boulogne, et qui passe par Soissons, Noyon, Amiens, etc., par L.-A. Grégoire d'Essigny fils, de Roye.

Magas. encycl., ou Journal des sciences, etc., rédigé par A.-L. Millin, t. VI (1811), p. 240 (tiré à part, à 4 exemplaires seulement).

Ce Mémoire ne traite qu'incidemment des voies romaines du Boulonnais.

79. — Chaussée romaine, dite Chaussée de Brunehaut, par M. Ternynck.

Colonne de Boulogne-sur-Mer, 2 septembre 1858.

V. aussi même journal, 2 décembre 1858 : Origine de la chaussée de Brunehaut, d'après M. de Fortia d'Urban.

Extrait de l'Écho du Monde savant, 1858.

Cette revue contient plusieurs articles sur ce sujet.

80. — 1° La voie romaine de Cassel à Boulogne, par M. J. Lion.

Ap. Comptes rendus des travaux de la commission chargée de dresser un état des voies de l'arrondissement de Saint-Omer. Ms. Archives de la Soc. des Antiq. de la Morinie.

2° La voie romaine d'Amiens à Boulogne, d'après la Table théodosienne, par M. J. Lion.

Bulletin de la Soc. des Antiq. de la Picardie, 1866, n° 328, p. 328. Carte.

GAULE BARBARE, ROMAINE ET FRANQUE

81. — Dissertation sur les pays occupés par les Atrébates et les Morins, par M. Legay de Ramécourt, de la Société d'Arras.

Ms. (P. Lelong, nº 196).

82. — Dissertation sur le pays des Atrébates, des Morins, par le baron des Lyons.

Amsterdam, 1778, in-12.

83. — Recherches historiques sur le pays des anciens Morins, par dom Ducrocq.

Ms. or. Biblioth. de M. Dumetz-Adam (1700). Une copie se trouve à la Biblioth. de Boulogne-sur-Mer.

84. — Dissertation sur le vers de Virgile : *Extremique hominum Morini*, par M. Piers.

Mém. de la Soc. des Antiq. de Picardie, t. Iᵉʳ, p. 352.

85. — Description du pays Gésériac ou Boulonnais.

Ms. Bibl. Imp., coll. D. Grenier, 20ᵉ p., nº 3.

C'est une description complète, géologique, hydrographique et géographique du Boulonnais, destinée à prendre place dans l'histoire de Picardie préparée par D. Grenier.

V. enc. : Topographie du Boulonnais, etc.

Ms., ibid., t. CLXXXI, p. 153 et suiv.

86. — Mémoire dans lequel on examine quelle peut être la situation de différents endroits de l'ancienne Belgique devenus célèbres dans les *Commentaires de César* par les événements mémorables qui s'y sont passés, par M. L.-D.-J. Dewez.

Nouv. Mém. de l'Acad. de Bruxelles, t. II, p. 225.

87. — Sur l'origine du mot *Ruthen*, par M. A. Courtois.

In-8°, Lille, impr. Lefebvre-Ducrocq, 1862. Extrait du t. VI des Annales du Comité flamand de France.

88. — Quelle est l'origine du mot *Ruthen*, appliqué au littoral de Flandre et du Calaisis? Discussion sur cette question.

Congrés archéol. de France, 27ᵉ session, 1861, p. 129.

A cette session, M. Derode a déposé sur le bureau, séance du 28 août, une note sur cette question, de MM. Langlet-Mortier, vétérinaire à Englefontaine, et Vandamme, secrétaire de la mairie du Quesnoy, arrondissement d'Avesnes. Cette note est restée inédite.

89. — Notes sur les nations qui habitaient jadis la Morinie et les bords de la Manche, par le comte Dienheim Chotompski.

Mss.

Ces Notes ont été adressées par l'auteur à la Soc. des Antiq. de la Morinie, en 1855. L'auteur annonçait en même temps la terminaison d'un Atlas paléographique, dont plusieurs feuilles communiquées à la Société en avaient fait l'admiration; ayant quitté la France quelque temps après, ses travaux ont été arrêtés.

90. — Division territoriale de la partie de la Picardie qui est au bord de la mer.

Ms. Bibl. Imp. Collect. D. Grenier, 27ᵉ p., 1ʳᵉ liasse. — Cf. n° 785.

91. — Détail du Boulonnais, 1732.

Ms. xviiiᵉ s., in-4° 20 p. (Vente du Vᵗᵉ d'O, 15 décembre 1862, Paris).

92. — Quelles étaient les limites du royaume de Chararie, chef des Francs des Thérouenne? Discussion sur cette question.

Congrés archéol. de France, 27ᵉ session, 1861, p. 78.

93. — Partition du diocèse de Terrouanne.

Ms. in-4° 88 p., parch. Archives municipales de Boulogne-sur-Mer.

Ce Manuscrit paraît avoir appartenu à la ville d'Aire. Il porte la date du vingt-neufiesme jour de juing l'an mil cinq cens cinquante-neuf. On est autorisé à croire que c'est sinon l'original du traité de partage de l'ancien diocèse de Térouanne, signé à Aire, au moins une copie authentique signée par les trois députés français.

Le texte du traité a été publié dans le Recueil des *Opera diplomatica,* de Foppens, sous ce titre : Acta inter Commissarios regorum Hispaniæ et Galliæ pro divisione limitum, bonorum, beneficiorum, dignitatum de veteris episcopatus Morinensis sive Teruanensis : ut inde erigentur tres novi : Yprensis videlicet et Audomarensis ac Boloniensis. — Partition de l'Évêché, Diocèse, Église et Chapitre de Terrouanne, accordée entre les députez des Roys catholique et très-chrétieu assemblés en la ville d'Aire pour cet effet, suivant l'article du traité de paix faisant mention de ladite partition faite au château Cambrésis le ɪɪɪ d'apvril dernier passé, lequel article et le pouvoir donnez auxdits députez sont insérés à la fin des présentes, avec celui de M. Nicolas Griveau, doyen d'Amiens, commis pour intervenir à icelle Partition par le Reverendissime et Illustrissime cardinal de Lorraine, archevêque de Reims, métropolitain.

Ap. Auberti Miræi, etc. Opera Diplomatica et historica edid. Foppens. Editio auctior et accuratior, Bruxellis, 1723, 4 vol. in-fol.

94. — Partage du diocèse de Térouanne entre les diocèses de Boulogne, Saint-Omer et Ypres (1559-1566), par M. J. Desnoyers.

Ap. Top. ecclésiast. de la France pendant le moyen âge et dans les temps modernes. Ann. de l'Hist. de France, 1863, p. 601, 696.

Ce travail est des plus importants sur la matière. On y trouvera quantité de renseignements que les limites de cette Bibliographie ne me permettent pas de lui emprunter.

POUILLÉS

95. — Pouillé général des bénéfices de l'archevêché de Reims et des diocèses de... Boulogne, etc.

Paris, Alliot, 1648, in-4°.

Publié dans le grand Recueil des pouillés de France. C'est le seul qui ait été imprimé ; les noms des paroisses y sont presque tous en latin ; il peut remonter, par sa rédaction primitive, au moins jusqu'au XIVᵉ siècle.

Il existe, à la Bibliothèque de Saint Omer, un autre pouillé Ms. très-ancien du diocèse de Terouenne, copié par Allard Tassard, archiviste de Saint-Bertin, vers 1512 ou 1515, évidemment sur un pouillé antérieur ; il fait partie du recueil autographe de Tassard, qui a pour titre : *A Tassaro chronica episcoporum et abbatum*, 4 vol. in-4° Mss. Bibl. de Saint Omer, n° 732. Outre ce pouillé et celui d'Alliot, on en connaît plusieurs autres pareillement antérieurs à la division de l'évêché de Terouenne, mais plutôt par des indications un peu vagues et de simples énoncés, que par des mentions positives qui puissent permettre d'en fixer l'âge et les rapports avec les deux principaux pouillés connus. (Desnoyers, loc. cit. supr., n° 92.)

96. — Catalogus beneficiorum existentium in diocesi Morinensi, ante delectionem, et nomina patronorum, collatorum et collatricum.

Ms. Bibl. de l'évéché d'Arras.

V. enc. : Département des décimes fait en 1516. Ms. Bibl. Imp., Saint-Germain fr., in-fol., n° 67. Le diocèse de Térouenne y figure au t. II, f. 122 et 123.

97. — Pouillé du diocèse de Boulogne.

Ms. Bibl. Imp. Collect. D. Grenier, 12ᵉ p., art. 5.

Copie de la main de D. Grenier. *Incip.* Doyenné de Boulogne, — Alincthun et Bellebrune, Baincthun, etc. — *Desin.* Doyenné de Frévent... suivi d'une note du XVᵉ siècle des abbayes du diocèse et d'un état des bénéfices dépendant de l'abbaye de Samer en 1650.

98. — Pouillé du diocèse de Boulogne.

Ms. orig., 1751. Bibl. de Mgr Haffreingue, à Boulogne-sur-Mer.

99. — Pouillé contenant toutes les cures du diocèse de Boulogne, rangées par district, selon l'ordre alphabéthique ; les noms de ceux qui y ont présenté et de ceux qui les ont possédées depuis l'érection de l'évêché ; les années où elles ont été conférées, le titre et la page des registres où s'en trouvent les provisions ; rédigé par J.-A.-F. Clément, chanoine, en 1757, et tenu à jour jusqu'en 1791.

Ms. Bibl. de Mgr Haffreingue, à Boulogne, in-fol., 276 p.
Anciennes Archives de l'Évêché.

Ce registre est, à plus proprement parler, la Table par ordre chronologique et par cures de toutes les collations faites par des évêques de Boulogne à des curés de leur diocèse, depuis 1570 jusqu'à 1791. Il a son intérêt comme document géographique.

Les registres dont parle ce pouillé sont ceux du secrétariat de l'Évêché, dont la plupart sont dans la bibliothèque de Mgr Haffreingue, mais il y a des lacunes dans la série ; la moitié des registres sont perdus ; un ou deux sont aux Archives de l'Évêché, à Arras. On y supplée par les registres aux insinuations ecclésiastiques, qui sont à peu près complets depuis 1694, et qui sont disséminés partie chez Mgr Haffreingue, partie aux Archives de la ville (fonds départemental), partie aux Archives du département, dans les papiers du district de Boulogne.

100. — Pouillé du diocèse de Boulogne-sur-Mer.

Ms. Bibl. de Boulogne. — Documents inédits sur l'histoire du Boulonnais.

Ce pouillé est une copie de celui dressé par l'abbé Morette, sous l'épiscopat de Mgr Perrochel, vers 1660. Il existe plusieurs copies de ce pouillé, toutes différenciées par des additions sous lesquelles on ne pourrait guère retrouver l'original. La copie de la Bibliothèque est moderne. M. Gérard l'a fait faire sur une copie ancienne (xviiie s. env.), du cabinet de M. Eug. de Rosny. M. l'abbé

Haigneré en a lui-même une copie du commencement du XVIIIᵉ s.,
peu développée. M. Courtois a cité souvent ce pouillé sous le
titre de *Petit Pouillé* du diocèse de Boulogne ; cette copie paraît
encore plus interpolée que les autres. M. l'abbé Van Drival en
possède aussi une copie faite sur celle de la Bibliothèque de Boulogne ; c'est celle qu'il a suivie dans son *Histoire des évêques
de Boulogne* et dans l'article suivant : Satistique de l'ancien
diocèse de Boulogne à la fin du VIIᵉ siècle, d'après un manuscrit
de cette époque, déposé à la Bibliothèque publique.

*Annales Boulonnaises, Iᵉʳ vol., p. 90. Boulogne, Berger
frères, 1851, in-8°.*

101. — Bénéfices du diocèse de Boulogne.

*Ms. in-fol. 31 p. Bibl. de M. Abot de Bazinghen, à Boulogne-
sur-Mer.*

TERRIERS, ÉTATS DOMANIAUX, ETC.

Les terriers et les états domaniaux sont à la fois une source
de renseignements généraux intéressant l'histoire et la géographie
de la province, et des documents spéciaux relatifs aux localités
qu'ils concernent. J'ai pensé faciliter les recherches en les indiquant de préférence au nom de ces localités, dans la 2ᵉ partie de
cet ouvrage. Je ne citerai ici que ceux qui, présentant un caractère général, concernent les gouvernements du Boulonnais et du
Pays Reconquis en entier, ou ceux dont le titre ne se rapporte
pas à une localité placée dans les limites du Boulonnais, comme
les numéros ci-après.

102. — Terrier de Térouenne.

Ms. Arch. de Boulogne-sur-Mer, vers 1420.

103. — Calais and the Marches. A new survey thereof made up A° Dm. 1556 (Calais et sa banlieue, nouveau terrier dressé en 1556).

Le Ms. original, gr. in-fol., est déposé à l'*Augmentation
Office*, Westminster ; une copie certifiée par M. John Caley, garde
de ces archives, le 25 août 1830, mais seulement pour ce qui
concerne Calais, appartient à Ch. de Rheims ; in-4° 199 ff. Ce

Ms. contient le terrier des possessions anglaises dans le Pays Reconquis ; il est désigné souvent dans les historiens locaux sous le nom de *Terrier de Thomas Pettytt*; non que celui-ci en soit le rédacteur, mais parce qu'il sert de légende au plan dont il est l'auteur et qu'il a dressé d'après ce Ms. — *Vid. inf.* Plans. — M le docteur Cuisinier, de Guines, en a pris une copie, et la Société des Antiquaires de Morinie a dû en faire une autre pour ses Archives.

104. — Registre censier des domaines du Roy dans le comté de Guines et territoire de Calais (texte anglais).

Ms. in-fol. vél. Catal. de la vente du marq. Le Ver. (Delbergue Cormont, commissaire-priseur, 19 novembre 1866.)

L'original de ce registre censier appartient au British Museum, Bibl. Harléienne, nº 3880. Il porte le titre de « A Rental of the Crown, lands and revenues in Calais, Guisnes, and the Marches thereof » (6 ed. 6). La copie qui est citée ici a été collationnée sur l'original, par Bréquigny ; toutes les pages en sont conséquemment paraphées en haut et en bas par le savant diplomatiste. Bréquigny a de plus ajouté en marge du texte anglais bon nombre de notes importantes. Ce Ms. contient 310 ff., soit 620 p. de texte, plus 3 p. pour le certificat de collation donné à Londres le 7 octobre 1765, avec la signature de Bréquigny. Pourquoi n'a t-il pas été réuni à la collection qui porte son nom et que possède la Bibliothèque Impériale? C'est un point qu'il serait difficile d'éclaircir. Il appartient aujourd'hui à M. le comte de Bruce, au château d'Arzillemont (Ardennes).

105. — Ces sunt les teres queux le roy de Engleterre auera en Fraance.

Ms. Brit. Mus. Cotton. Libr. Vespasien, A VII, xvᵉ s., f. 104.

106. — Terriers du hault et du bas pays reconquis.

Mss. in-fol. Arch. de l'Emp., sect. hist., KK, nᵒˢ 1095 et 1096, 2 vol. in-fol. parch. xvɪᵉ s.

Iᵉʳ vol. *Incip.* : « Charles, par la grâce de Dieu, etc... Balinguem. Recognoissance de Anthoine Lorgnier, habitant de Balinguem. L'an 1566, etc.... » Il contient les déclarations concernant les territoires de : Andres, fᵒ 68 — Campagne, fᵒ 116 — Guines, fᵒ 136 — Hames, fᵒ 315 — Boucres, fᵒ 351 — Pihem, fᵒ 385 —

Bonningues, fº 425 — Escalles, fº 475 — Hervelinguem, fº 517 — Sangatte, fº 571 — Peuplingues, fº 623 — Saint-Tricat, fº 655 — Nielle, fº 697 — Fréthun, fº 721. — Ces reconnaissances sont passées devant Girault de Gourdon, capitaine et gouverneur de Calais, et Étienne de Roybon, juge général de Calais, commis à cet effet par le Roi, 1566 à 1569.

IIᵉ vol. *Incip.* : « Charles; par la grâce de Dieu, etc... Marcq, Recognoissance de maistre Julien Troyen, etc... L'an 1567, le vingt troisiesme jour du moys de septembre, etc. » Il contient les déclarations d'héritages situés dans les territoires de Marcq, fº 12 — Waldam et Walle, fº 178 — Oye, fº 203 — Vieille-Église, fº 298 — Nouvelle-Église, fº 343 — Offekerque, fº 378 — Guemp, fº 421 — Saint-Pierre, fº 505.

En tête de chaque volume et se terminant à la fin des volumes, est un « Répertoire et table des personnes qui ont recogneu les terres, etc. »

Ce terrier n'a pas été mentionné par M. Cocheris dans ses *Extraits et Notices.*

107. — Procès-verbal de récolement général fait des terres du pays reconquis, en 1534, par Jean Choisnyn.

Ms. in-fol.

Ce Ms. était conservé dans la bibliothèque de M. Pelletier, le ministre, nº 174. (P. Lelong, nº 27,827.)

108. — Procès-verbal de distribution des terres du Calaisis par les commissaires du Roy, nommés à cet effet (1560 à 1564).

Mss. Bibl. de Calais; 1 vol. in-fol. (donné par Mᵐᵉ Vᵉ Lemaire).

Le sous-titre est : Procès-verbal des baux des maisons et terres de Calais, comté de Guisnes, terre d'Oye et autres du Pays Reconquis, faict par les quatre commissaires à ce députés, suivant les commissions octroyées par les Roys François II et Charles IX, depuis l'an 1560 jusqu'en l'an 1564.

109. — Pappier terrier du domaine du Roy en la ville de Calais et pays reconquis, faict par nous Pierre de Miraumont, conseiller au trésor, tant en la présence qu'absence de M. Bertrand le Picart, président et tréso-

rier général de France au bureau des finances estably à Amiens, suivant les lettres patentes à nous adressées, desquelles la teneur ensuit, etc.

In-fol. Ms. Bibl. de Calais, n° 2372 du catal., 1582-1587.

Une note au commencement indique que cet exemplaire est l'original. Ordonnance à la fin pour la remise de cette leçon à la ville de Calais. 725 ff. (*V.* aussi n° 3149 du catal. précité). — Un autre original était dans les Archives de la chambre des monnaies, à Paris. — M. le docteur Cuisinier, de Guines, possède une copie faite de sa main, sur celui de la Bibliothèque de Calais.

Ce terrier a été rédigé pour servir à l'assiette de l'impôt après la réoccupation du pays par les Français.

110. — Papier terrier du domaine du Roi en la ville de Calais et pays reconquis.

2 Ms. in-fol. Bibl. de Calais.

Deux exemplaires : l'un recouvert en bois, 433 ff. ; l'autre 650 ff. — copies. — Ce terrier concerne, comme le précédent, auquel il est à peu près de tout point conforme, les localités de : Saint-André, Ballinghen, Bonningue, Boucres, Calais et Courgain. Callimotte, Campagne, Coquelles, Coulogne, Escales, Fréthun. Guemps, Guines comté, Hames, Hervelinghen, Marck, Nielles, Nouvelle-Église, Offekerque, Oye vicomté, Peuplingues, Pihen, Sangatte, Saint-Pierre, Saint-Tricat, Vieille-Église, Waldam.

M. Bénard, de Boulogne, en possède une copie. Toutes ces copies ne présentent entre elles aucune différence essentielle.

111. — Terrier d'Audruick et pays de Brédenarde, sous le titre de : Recette d'Audruick et Pas de Brédenarde, pour l'année 1567. Franchois de Cadicq, receveur.

Ms. in-fol. Bibl. de Calais (n° 3150), 1567, 595 p.

112. — 1° Terriers des terres-marais seans au païs de Brédenarde, dit d'Audruicq (1700).

Ms. in-4°, 154 ff., XVIIIᵉ s.

2° Terrier cartulaire nouveau de la seigneurie des

terres-marais situés ès quatre paroisses du païs de Brédenarde en Artois, renouvelé en l'an 1742 ; cart.

Ms. in-fol., 167 ff., XVIIIe s.

Arch. Imp., sect. adm., P. 1435 et 1432.

113. — État des domaines de Calais et de Château-
Renard, en 1643.

Ms. in-fol.

Ce Ms. était dans la bibliothèque de M. Pelletier de Souzi
(P. Lelong, n° 27,826).

114. — Terrier, sous le titre : Déclarations ; registre
pour servir aux déclarations du nombre de mesures et du
prix des baux de chacune des vingt-quatre paroisses du
gouvernement de Calais, suivant les rôles délivrés par les
marguilliers, en 1744.

Ms. Bibl. de Calais, 1744, in-fol. (n° 5451 du catal.)

115. —Extrait fait en 1558 des registres de la Chambre
des comptes, contenant l'évaluation du comté de Boulogne faite en 1477.

Ms. in-fol. parch. Arch. Imp., sect. hist., Trés. des Ch. J. 792.

116. — Déclarations des baronnies, paieries, fiefz et
nobles tenemens estant en la comté de Boullogne, et des
noms de ceux qui les tiennent (1477).

Ms. Arch. comm. de Boulogne-sur-Mer.

Copie officielle collationnée le 30 septembre 1682, par devant
Antoine Vaillant, seigneur du Châtelet, lieutenant particulier de
la sénéchaussée du Boulonnais, à la requête des maieur et échevins
de Boulogne, sur l'original conservé aux Archives de l'Empire,
sect. hist., J. 792.

117. — État des baronnies, pairies, fiefs et nobles
tenemens étant en la comté de Boulogne (XVIe siècle).

Mss. trés-volumineux, Arch. Imp., sect. hist. J. 792.

118. — Registre contenant la déclaration des fiefs et arrière-fiefs du comté de Boulenois et la taxe d'icelle (1553).

Ms. Arch. du Palais de Justice de Boulogne.

119. — Rôle des fiefs du Boulonois et de leurs possesseurs, dressé le 26 août 1553, par maître Jacques du Rieu, greffier de cette sénéchaussée, avec une table des noms des possesseurs et une autre des fiefs.

Ms. in-4°, br. de plus de 250 p.; 1ᵉʳ catal. du marquis le Ver, 1866; Vᵉ Bachelin-Deflorenne (Delbergue, comm. pris., n° 93).

120. — Fiefs du Boulonois. Extraits d'originaux sur des fiefs sis en Boulonois et en Picardie.

Ms. fort in-4°. Ibid., n° 92.

Très-important manuscrit rédigé avec le plus grand soin et comprenant : 1° l'ordre chronologique de la date des actes compris dans le volume; 2° le texte de ces actes; 3° la table alphabétique des noms repris dans les terriers. Cette dernière table ne comprend pas moins de 761 p. de texte, soit près de 7,000 noms; 4° une table des noms des fiefs et seigneuries du Boulonnais.

121. — Fiefs du Boulonois. Table alphabétique des noms de personnes et de lieux.

Ms. pet. in-fol. Ibid.; 2ᵉ catal., n° 1147.

Important travail de M. le marquis le Ver, composé de 38 ff. d'une écriture fine et très-serrée, et divisé par quatre colonnes. Il contient près de 8,000 noms des personnes qui ont tenu fief dans le Boulonnais depuis 1353 jusqu'en 1780.

122. — Armoiries des maisons nobles des châtellenies de Lille… Ardres… etc., avec la déclaration des villages de ces châtellenies.

In-12, Lille, 1623.

V. Lenglet-Dufrénoy. Méthode pour étudier l'histoire, VIIIᵉ vol., p. 1238, édit. de 1735.

123. — État des domaines de Calais, pays reconquis, Boullenois et Ardres, en 1640.

Ms. Bibl. Imp., suppl. fr. n° 55, in-fol. pap., XVII° s. Ap. Estats des domaines de Navarre, etc. (Cocheris, Extr. et Not., n° 254.)

124. — État de la consistance et des revenus des domaines du Roy, engagés et réunis dans la généralité d'Amiens (1683). Comté de Boulogne, châtellenies de Calais, Guines, Ardres, etc.

Ms. in-fol., XVIII° s., Bibl. Ste-Geneviève, n° 1570 $\frac{L}{53}$ (Cocheris, Extr. et Not., n° 73.)

Le domaine du Roi dans le Boulonnais, le Calaisis, etc., comprenait les châtellenies de Calais, Guines, Ardres, Boulogne, Choquel et Desvres, et se divisait en domaine engagé et domaine réuni.

125. — Aveux et dénombrements de différents fiefs et tènements situés dans le comté de Boulogne.

Ms. Arch. Imp., div. fonds. V. le détail dans Cocheris, Extr. et Not., n° 206, passim.

126. — Terrier de la commanderie de Loison.

Ms. in-fol. de la fin du XVIII° s., Bibl. de M. Henneguier, à Montreuil.

Écrit par M. Pecquet, notaire et procureur à Montreuil, dernier bailli de la Commanderie.

127. — Aveu servi au roi d'Angleterre par Guillaume de Montreuil, sire de Maintenoy.

Ms. in-4° cop. Ibid.

Il contient des indications nombreuses sur plusieurs villages du Boulonnais situés aux environs de Montreuil.

MOYEN AGE ET TEMPS MODERNES

128. — Catalogue alphabétique des villes, bourgs, hameaux, censes, etc., du pays reconquis, avec le gouvernement général du Boulonnois (1761).

Ms. in-4°, XVIIIe *s.*, *Bibl. Mazarine*, *N.* $\frac{1642}{H}$ (*Cocheris, Extr. et Not., n° 6*).

129. — 1° Procès-verbal de la conférence tenue en conséquence des traités de Cambray et de Crépy, concernant les villages et terres qu'on dit estre des enclavemens d'Artois en l'an 1559, par Mre Jean-Jacques de Mesmes, Sr de Roissy, conseiller et maître des requestes ordinaire de l'hôtel du Roy, commissaire pour ledict seigneur Roy, et Pierre Grenet, conseiller du Roy catholique en son conseil provincial d'Artois, commissaire dudit Roy catholique.

2° Enqueste faicte par les commissaires des Rois très-chrestien et catholique pour le fait des limites et enclavemens d'Artois, l'an 1559.

Ms. in-fol., Bibl. Imp., F. Brienne, n° 329.

Ce Ms. a été omis par M. Cocheris dans ses Extr. et Not.; mais il a relevé le volume suivant (n° 2), qu'il indique comme étant le document original signé par J.-J. de Mesmes, Pierre Grenet et un sieur Jacque de Latre, sous le titre de : « Procès verbal et enquestes faicts pour les limites de Picardie et païs de Cambresis et d'Artois et pour la situation des abbayes de Dommartin et Fesny, par M. Jean-Jacques de Mesmes, s^r de Roissy, maître des requestes pour le Roi très chretien, et Pierre Grenet, conseiller du Roi d'Espagne, en son conseil d'Artois, faict l'an 1559. — In-fol. 247 p., pap., écrit. du XVIe s. Bibl. Imp., collect. Fontanieu, Portf. 254.

Il en indique une autre copie (n° 3) aussi à la Bibl. Imp. Ms. in-fol., 193 ff., écrit. du XVIe s. F. St-Germain, fr. n° 946. *V.* P. Lelong, t. III, n° 30,153.

V. enc. : 1° Inventaire des tiltres produits par le procureur général du Roy, contre le Roy d'Espagne, sur les limites de Picardie et les enclavements d'Artois, 1559; 2° Contredictz fournis par ledit procureur général, contre la production dudit Roy d'Espagne, concernant les enclavements d'Artois.

Ms. Ibid., n° 330.

130. — Pièces diverses relatives aux limites du pays d'Oye, de Langle et de Brédenarde.

Ms. in-fol., pap., XVIIe *s. Bibl. Imp. Collect. Dupuy, n° 191. (Cocheris, ibid., n° 5.)*

131. — Pièces relatives au règlement des limites entre Calais et Gravelines.

Ap. Archives des Pays-Bas, Gravelines, etc. Ms. in-4°, pap., XVIIIe *s. Bibl. Imp. Fonds Desnans, vol. LIX.*

« Ce volume renferme un Mémoire sans date, contenant ce qui s'est passé entre les gouverneurs de Calais et de Gravelines, pour parvenir à régler les limites entre ces deux villes et les territoires qui en dépendent. »

« C'est une copie collationnée le 17 juin 1747, sur l'original, reposant aux Archives de Bruxelles. » (Cocheris.)

La Bibliothèque de Calais possède un Ms. ayant pour titre : « Pièces pour le procès des limites entre Calais et Gravelines. » Ce Ms. provient de la bibliothèque de M. Pigault-Maubaillarcq, et n'est que la copie de celui de la Bibl. Imp. et des Archives de Bruxelles.

132. — Pièces relatives aux limites et enclavements d'Artois.

Ap. Comté de Guines. Arch. Imp., sect. hist., Tr. des Ch. J. cart. 811 (Cocheris, Extr. et Not., n° 758).

133. — Description de la Flandre.

Ap. Flandria illustrata de Sanders, Ier vol., liv. Ier. La Haye, 3 vol. in-fol. De Vos frères, 1735.

Le Boulonnais et le Calaisis ont, pendant un certain temps, fait partie du comté de Flandre, et Sanders les a compris dans sa description.

134. — Mémoire historique et topographique sur le comté de Ponthieu, par M. Godard de Beaulieu, maire de la ville d'Abbeville.

Bibl. Imp. Collect. Fontanieu, XIIIe vol., pet. in-4°.

Ce Mémoire est très-curieux et très-développé ; il établit les limites du comté de Ponthieu, dans lesquelles il fait entrer les comtés de Boulogne et de Guines.

135. — Mémoires sur les frontières et places de la Flandre et du Calaisis.

Ms. Bibl. Imp., suppl. fr., n° 225, 1 et 2 (Cocheris, Extr. et Not., n° 18).

136. — Énumération des forts du Boulonnais et de Calais.

Ms. Bibl. Imp. Collect. D. Grenier, LXXXIIe vol., 2e liasse.

137. — Situation, description et division du district de Boulogne.

Ap. Calendrier hist. et topogr. du district de Boulogne pour l'année 1791 ; Dunkerque, impr. Denys-Montfort.

138. — Description topographique du ci-devant district de Boulogne, par les citoyens Delporte et Henry.

Paris, Merlin, an VI, 1 vol. in-8° (alias, Impr. de la feuille du Cultivateur).

Sous le titre d'Essai sur l'histoire de la ville et de l'ancien comté de Boulogne, Henry avait donné précédemment une description topographique du Boulonnais, dans les « *Étrennes historiques, etc., du diocèse de Boulogne pour l'année bissextile 1792.* »

139. — Les voyages dans les départements de la France, par une société d'artistes et de gens de lettres, enrichis de tableaux géographiques, d'estampes, etc. — Département du Pas-de-Calais.

Paris, chez Brion et Cie, in-8°, 1792. Cartes et vues.

Assez curieux.

140. — Description topographique et statistique de la France, contenant, avec la carte de chaque département, la notion historique de son ancien état, ses divisions territoriales, civiles et politiques, ses montagnes, ri-

vières, etc. — Département du Pas-de-Calais, par J. Peu-
chet et J.-P. Chanlaire.

Paris, 1810, in-4°, impr. Courcier.

C'es la plus complète de toutes celles qui l'ont précédée et
suivie (1).

On consultera utilement, sur la topographie et la statistique du
Boulonnais, le t. II de l'Histoire de Boulogne, de M. Bertrand.
Il contient notamment :

IIIe part., ch. ɪ, Considérations générales sur les changements
physiques opérés dans le Boulonnais;

Ch. ɪɪ, Topographie du Boulonnais;

Ch. ɪɪɪ, Climat, eaux, météores, etc.

IVe part., ch. ɪɪ, Tableau général des productions de la nature
dans le Boulonnais (2).

— *V.* aussi : Situation, description et division du district de
Boulogne.

*Calendrier hist. et topogr. du district de Boulogne pour
1791; Dunkerque, impr. Denis Montfort.*

141. — Délimitation de l'ancien comté et gouverne-
ment du Boulonnais; confins de l'ancien diocèse de Boulogne; rapprochement des limites de ces deux territoires
avec celles de l'arrondissement communal actuel, par
M. Alph. Lefebvre.

Ce travail a paru, sous le titre de Bibliographie Boulonnaise,
dans le journal *l'Impartial de Boulogne sur-Mer.*

---

(1) Je n'ai pas cru devoir relever ici les topographies anciennes de la France où
se trouvent des descriptions du Boulonnais, comme celles de Belleforest, de des
Rues, etc., qui fournissent trop peu de détails sur ce sujet.

(2) On trouvera encore des renseignements utiles dans les Annuaires et Almanachs de toute époque, qui contiennent ordinairement des Notices générales sur la
topographie, la statistique et l'histoire. Ces ouvrages devant faire l'objet d'une
nomenclature particulière à la division des *Publications périodiques*, il m'a paru
inutile de donner séparément le détail des Notices qui s'y trouvent, d'autant mieux
qu'elles se reproduisent souvent les unes les autres. Cependant, toutes les fois que
j'ai rencontré dans les Annuaires et autres publications du même genre quelque
article présentant une certaine originalité, j'en ai fait l'objet d'un numéro spécial
de ma Bibliographie.

142. — Dictionnaire topographique de l'arrondissement de Boulogne-sur-Mer, par l'abbé D. Haigneré.

Ms. Arch. de la Soc. d'Agric. de Boulogne-sur-Mer.

Cet excellent travail a obtenu le second prix à la distribution des récompenses faite aux sociétés savantes à la Sorbonne en 1861. Il contient des renseignements nombreux et précieux sur chacune des localités de l'arrondissement, leur histoire aux différentes époques, leur état féodal, religieux, communal, etc. Il renferme deux mille et quelques articles, et près de huit mille citations. Il ne sera sans doute imprimé que lorsque les dictionnaires des autres arrondissements du Pas-de-Calais seront terminés.

143. — Dictionnaire topographique de l'arrondissement de Saint-Omer, par M. Courtois.

Ms. Arch. de la Soc. des Antiq. de la Morinie.

V. le nº précédent. Cet ouvrage est annoncé comme devant former le XIIIᵉ vol. des Mémoires de la Soc. des Antiq. de la Morinie.

144. — Nomenclature des villes, villages, hameaux, maisons de l'Artois, basse Picardie, Ponthieu, Boullonois, par Matthieu Bellin, Artésien.

Ms. Bibl. de Vienne (Autriche).

145. — Vocabulaire des noms de lieu du Boulonnais, par J.-F. Henry.

Ms. Bibl. de Boulogne-sur-Mer. Documents inédits de l'histoire du Boulonnais.

Ce Vocabulaire paraît avoir été composé d'après les mêmes documents qui ont servi à la confection du Catalogue alphabétique des villes, bourgs, hameaux, censes, etc., du gouvernement général de Picardie, Artois et Pays Reconquis, avec le gouvernement général du Boulonnais, etc. 1774, faisant partie de la Collect. D. Grenier. *Ms. Bibl. Imp., 12ᵉ p., art. 7, t. LXXX.*

V. enc. : 1º Dictionnaire des communes du ressort de la cour royale de Douai (par le conseiller Plouvain).

Douai, Deregnaucourt, in-8º, 1844.

2º Vocabulaire des hameaux et hydrographie du ressort de la cour royale de Douai (par le même).

Douai, Deregnaucourt, in-8º, 1844.

146. — La France illustrée, Pas-de-Calais, par M. A. Malte-Brun.

In-4º, Paris, Barba, 1854.

Compilation renfermant beaucoup d'inexactitudes.

V. encore : Hugo, France pittoresque, Pas-de-Calais.

Paris, 1835, gr. in-8º

147. — Topographie médicale du Calaisis, par Guillaume Daignan.

Calais, 1778, in-8º.

148. — Hygiène du Calaisis ; considérations topographiques, par M. Piers.

Alman. de Calais, 1849 ; p. 49, Calais, impr. Leroy.

149. — Topographie du comté de Guines, par M. Courtois ; carte.

Cette Notice se trouve à la suite de la *Chronique de Lambert d'Ardres*, publiée par M. le marquis Godefroy de Menilglaise. *V.* infr., IIᵉ p., vº ARDRES.

150. — Petite géographie physique et politique du Pas-de-Calais, à l'usage de l'enseignement primaire, par F. Brayer.

In-12, Arras, impr. Tierny, 1862.

151. — Conducteur dans Boulogne et dans ses environs, par F. Barthélemi.

1 vol. in-18. Boulogne, Griset, 1826 ; planches.

152. — The tableau de Boulogne-sur-Mer, bỳ Robert Montague-Hume.

Boulogne, Merridew, 1846, in-12 et tableau.

153. — 1° New Guide to Boulogne-sur-Mer and its environs, with the maps of Boulogne and of all the environs, by J. Brunet.

6th edit. in-32 ; Boulogne, Watel, 1862.

2° Nouveau guide dans Boulogne et ses environs, par J. Brunet.

5e édit., 1 vol. in-18 ; Boulogne, Ch. Watel, 1865.

Carte et plans.

Guides bien faits, contenant des détails intéressants.

154. — Merridew's visitor's Guide to Boulogne-sur-Mer and its environs, with some account of its early history, and notice of the objects most worthy of visiting in the city and district (Guide du promeneur dans Boulogne et ses environs, avec une notice historique et l'indication des choses les plus remarquables de la ville et de l'arrondissement).

London, Simpkin Marshall and C°, in-32, cartes. — Boulogne, Merridew.

155. — A guide to Calais and the continent, containing an account of the antiquities, monuments... of the ancient and celebrated town of Calais, its suburbs and vicinity... embellish with a plan of the town and basse-ville (by Syddell) (Guide dans Calais et le continent, contenant une notice des antiquités, monuments, etc., de l'ancienne et célèbre ville de Calais, ses faubourgs et sa banlieue).

Calais, printed and sold for the Author, by D. Le Roy, in-8°.

Ce guide a eu une seconde édition à Douvres, en 1830, chez Bachellor.

156. — The English man's Guide to Calais and thence to Paris, etc.

London, Hurst, Chance and C°, 1829.

Cet ouvrage, qui consacre jusqu'à 68 p. à Calais, n'est remarquable que par son insignifiance (de Rheims, Cat. de la Bibl. de Calais).

157. — Calais and its environs, by Georges Brooks.

Calais, Leleux, 1850.

———

CHAPITRE II

———

1° GÉNÉRALITÉS DU BOULONNAIS, CALAISIS, ETC.

CARTES GÉOLOGIQUES, HYDROGRAPHIQUES, PHYSIQUES, ETC.

158. — Département du Pas-de-Calais; extrait de la carte topographique de la France, levée par les officiers de l'état-major, et gravée au dépôt général de la guerre, sous la direction du général de division Pelet, avec les limites des formations géologiques déterminées, par M. A. du Souich, ingénieur du corps des mines.

Paris, 1851, impr. lith. Koeppelin.

159. — Carte géologique du Boulonnais, par Dufrénoy et Elie de Beaumont.

Le Boulonnais se trouve compris sur les ff. 1 et 2 de la Carte géologique de France de ces deux auteurs.

———

(1) Un grand nombre d'ouvrages indiqués dans le chapitre précédent étant accompagnés de cartes, je n'ai pas donné de celles-ci, dans ce chapitre, une nouvelle indication, qui eût fait double emploi.

159 *bis*. — Plans de mines de charbon en Boulonnais.

Ms. Arch. Imp., sect. adm. T. 258. — Ap. Inventaire de l'émigré Villequier. Cocheris, Extr. et Not., n° 682.

Ces plans sont accompagnés de Mémoires.

160. — Carte réduite du Pas-de-Calais et du comté de Kent, par M. Bellin.

Paris, 1749, in-fol. — An VII de la République. — Nouv. édit. an XI (Hydrogr. franç. de Bellin).

161. — Cartes particulières des côtes de France, levées en 1835 et 1836 par les ingénieurs hydrographes de la marine, sous les ordres de M. Beautemps-Beaupré (1).

Ap. Cartes du dépôt général de la marine, 1840.

1° Partie comprise entre Berk et Dannes, 1 f. (*n° 919*).

2° Partie comprise entre Dannes et Ambleteuse, 1 f. (*n° 920*).

3° Partie comprise entre Ambleteuse et le cap Blanc-Nez, 1 f. (*n° 922*).

4° Partie comprise entre le cap Gris-Nez et Calais, 1 f. (*n° 923*).

5° Partie comprise entre Calais et Gravelines, 1 f. (*n° 924*).

6° Partie comprise entre la pointe de Saint-Quentin et Calais, 1 f. (*n° 947*).

7° Partie comprise entre le cap Gris-Nez et les frontières de la Belgique, 1 f. (*n° 948*).

8° Plan du port de Boulogne et de ses environs (*n° 921*).

V. sup. n° 64.

162. — Cartes mss. des côtes du Boulonnais et du Calaisis.

Mss. in-fol., XVIIe s. Bibl. Imp. Suppl. fr. n° 87 (Cocheris Catal. n° 10).

Ces cartes sont :

1° Carte générale des costes de Picardie et Normandie (1640), de Calais au cap de la Hogue.

2° Carte particulière depuis Callais jusqu'au havre d'Ambleteuse.

3° Carte particulière depuis Boulongne jusqu'à la rivière d'Authye.

(1) Le ministère de la marine a entrepris la révision complète des cartes marines du littoral, et la publication d'un nouveau *Pilote français* (*Monit.*, 5 avril 1865).

163. — Carte des côtes du Calaisis et du Boulonnais et du détroit du Pas-de-Calais, depuis Sangatte jusqu'à Saint-Valery-sur-Somme.

Ms. teintée, Arch. du dépôt de la marine, portef. 35, 1re divis.

164. — Carte topographique des costes maritimes de Picardie et des rivières de ce pays, depuis Saint-Valery jusqu'à Calais, le tout représenté comme il paroit de mer basse avec les laisses tant de sable que de vase qui y demeurent, par le chevalier de Clerville.

Ms., ibid.

Très-belle carte manuscrite, teintée, de 1 m. 25 sur 2 m. 50 de développement; l'orthographe des noms y est très-défectueuse.

165. — Carte de la coste de Picardie depuis la rivière de Somme jusques à celle de Canche, avec les sondes et les bans comme ils paroissent à basse mer.

Ms., ibid., 2 copies.

166. — Carte topographique de Boulogne avec le pays adjacent et celuy de sa coste maritime depuis la poincte d'Alprec jusqu'à celle de Blanc-Né.

Ms., teintée, ibid.

167. — Carte de la côte du Boulonois, depuis le cap de Blanc-Nez jusqu'à Étaples.

Ms., teintée, ibid., légende, 2 copies.

168. — Costes de Gris-Nez à Boulogne.

Ms., teintée, ibid.

169. — 1° Carte des côtes de Picardie, depuis Calais jusqu'à l'entrée de la Somme, levée, par ordre du Roy en 1776, par M. le vicomte de la Couldre de la Bretonnière, assisté de M. Méchain.

Dressée au dépôt général des cartes, plans et journaux de la marine, 1779.

2° Carte d'une partie des côtes de Flandre et de Picardie, depuis Nieuport jusqu'à Ambleteuse, levée par les mêmes.

Ibid., 1778.

170. — Côtes de France, département du Pas-de-Calais, depuis la pointe d'Oye jusqu'à Ambleteuse, d'après les plans levés en 1776 par MM. de la Bretonnière et Méchain.

Ibid. (1792), l'an Ier, gravés par Collin.

171. — 1° Carte hydrographique de la côte, depuis Sangatte jusqu'à Calais, levée géométriquement et sondée, d'après les ordres du comité de salut public, par Degaulle, ingénieur.

Ms., ibid., piéce 19.

2° Carte hydrographique des côtes de la Manche, depuis Boulogne jusqu'à Gris-Nés, contenant les rades d'Ambleteuse et de Saint-Jean, levée géométriquement et sondée, d'après les ordres du comité de salut public, par Degaulle, ingénieur.

Ibid., piéce 20.

172. — Diverses cartes hydrographiques, brouillons, copies ou réductions des précédentes.

Ms., ibid.

173. — Plan de Calais, de la côte, des bans et des rades de Calais et de Wissant, dédié à M. le comte d'Hérouville, lieutenant général des armées du Roy, par ... Porquet.

Ibid., 2° div., piéce 11.

Magnifique carte de 5 m. de développement, teintée et illustrée, avec légendes, tables des marées, observations sur les bancs, et renseignements sur le bombardement de Calais en 1696.

174. — Carte de la coste du Boulonnois, depuis le cap de Blanc Nez jusqu'à Étaples, 1778.

Ms. teintée, Arch. du dépôt des fortifications. Plans.

175. — Pascaert van de Canel (Carte du détroit du Pas-de-Calais), par Joan. van Keulen.

Amsterdam, 1695.

176. — The second part of the mariner's Miroir, containing in divers perfect plats and Sea-Charts, both the Northern and Eastern navigation, viz : from the streights between Dover and Callis, etc., etc. Engraved on copper with their particular descriptions, trafiks ,and commodities (Seconde partie du Miroir du marin, contenant... cartes de la navigation, etc., depuis le détroit d'entre Douvres et Calais, etc.).

Roy. fol. s. n. d'impr.

177. — The sea coast of France, from Calais to Bayonne in 15 large charts, surveyed by order of the French king, and copied from the French original by Richard Mount. (Les côtes de France, de Calais à Bayonne).

In-fol., 1751.

Comme l'indique le titre, ce n'est qu'une copie des cartes françaises.

178. — 1° Les côtes du Boulonnais et de la Picardie ;

2° Carte particulière des environs de Dunkerque, Calais et autres.

A Bruxelles, chez Henri Friex, 1709.

179. — 1° A chart of the coasts of France and Holland from Calais to Walcheren, by George Thomas (Carte des côtes de France et de Hollande, depuis Calais jusqu'à Walcheren) ;

2° English channel (Canal d'Angleterre).

Ap. Cartes de l'amirauté (Bibl. Imp).

180. — England south coast, Dungeness to the Thames, including Dover strait, surveyed by captain Frederic Bullock. R. N. The coast of France from the Pilote français, 1848 (Côtes sud de l'Angleterre, de Dungeness à la Tamise, comprenant le détroit de Douvres, d'après le Pilote français).

181. — Costes de Picardie, depuis Calais jusqu'à la pointe de Grosilliers.

Bibl. Imp. Collect. top. arr. de Boul., IIe vol., f. 15, s. n. n. l. (1).

182. — Carte des entrées de la rivière de Canches et de ses environs jusqu'à Montreuil.

Ibid., arr. de Montreuil, s. n. n. l., XVIIIe s.

183. — Plan de la baie de la Canche, avec sondage.

Ms. Bibl. de M. Henneguier, à Montreuil.

Cette carte a été dressée à l'époque du camp de Montreuil.

184. — Plan des laisses de la mer entre Calais et Gravelines.

Ms. Arch. de l'Emp., sect. adm. Q. 897. Ap. Titres du domaine de Calais.

185. — Carte générale de la navigation des provinces

---

(1) Il a été créé à la Bibliothèque Impériale, au dépôt des cartes et plans, sous le titre de *Collection topographique de France*, un Recueil de tous les plans, cartes, estampes, vues, manuscrits ou imprimés, que l'on a pu réunir, s'appliquant à toutes les localités de la France. Cette magnifique collection forme une série considérable de volumes divisés par départements et arrondissements. L'arrondissement de Boulogne compose deux volumes, ceux de Montreuil et de Saint-Omer, pour les cantons d'Étaples, Hucqueliers, Ardres, Audruicq, Tournehem, chacun un volume. On y trouve beaucoup de pièces originales ou rares, mais aussi beaucoup de plans, dont on rencontre l'équivalent aux dépôts de la marine ou des fortifications.

de Flandre, Picardie, etc., dédiée à Mons. le comte d'Agay de Mutigney, intendant de la province de Picardie.

S. l. n. d. (fin du xviii*e* s.).

186. — Carte des rivières, canaux et principaux watergans de Saint-Omer à Ardres, d'Ardres à Calais, de Calais à Gravelines, et de Gravelines à Saint-Omer, par le sᵣ Boullart.

Une copie s'en trouve au British. Mus. Plans du cab. de George III.

187. — 1° Divers plans du cours de la rivière d'Aa, de Saint-Omer à Gravelines, xviiᵉ siècle.

2° Plan du bassin d'Hennuin au pays de l'Angle, 1740 et 1760.

Ms. Arch. départ. à Arras.

188. — Plan d'un canal pour redresser le cours de la rivière de Canche, xviiiᵉ siècle.

2 ff., dont une teintée, Mss. Arch. Imp., 3ᵉ cl., n° 28.

189. — 1° Plans du cours de la Canche, depuis la ville d'Étaples jusqu'à la rivière de Marle, qui fait la séparation du Boulonnais d'avec l'Artois ;

2° Autre plan de la rivière, depuis Hesdin jusqu'à Étaples ;

3° Nivellement du ruisseau de Grand-Clainvignon ;

4° Plan de la baie d'Étaples et de ses environs.

Ms. Arch. du Pas-de-Calais.

190. — 1° Plan de la forest de Guines ;

2° Plan de la forest d'Hardelot ;

3° Plan de la forest de Desurennes ; le bois des Monts ; le bois Quesnel ;

4° Plan de la forest de Boulongne.

Mss. in-fol. Bibl. Imp. F. S.-Germain fr. n° 26, XVII° s.

Ap. Réformation générale des eaux et forests de Picardie. (Cocheris, Extr. et Not., n° 11.)

CARTES ET PLANS HISTORIQUES

191. — Morinorum sub Cæsare magnitudo, et locorum ab anno 800 nomenclatura, par Pierre Warin, d'Aire.

Ap. Malbrancq, de Morinis, t. Ier. 1 f. in-fol.

Cette carte a été dressée sous la direction du P. Malbrancq, conformément à ses idées sur l'état ancien du pays. Une deuxième édition est dédiée à Ant. de Roore.

192. — Nova Galliæ Belgicæ, seu inferioris Germaniæ qualis sub Romanorum imperio fuit, descriptio.

Ap. Petri Divæi de Galliæ Belgicæ antiquitatibus. — Louvain, typis Henrici Van der Haert.

193. — Galliæ Belgicæ.

Romæ 1556 et 1565, avec légende : « Habes hic, candide lector, Galliam Belgicam, etc. » (Bibl. du dépôt de la marine.)

194. — Carte des places frontières opposées de Dunkerc et Nieuport, etc.

Ms. Arch. du dépôt de la marine.

Cette carte comprend le Boulonnais.

195. — Autre carte de Picardie, Flandre, etc.

Ms., ibid., vélin.

196. — Carte des voies romaines du département du Pas-de-Calais et des environs.

Lith. Duthilleux, à Arras, s. n. n. d. (1865.)

Cette carte est placée au commencement du Ier vol. de la *Statistique monumentale du Pas-de-Calais*, publiée par la Commission des antiquités départementales. C'est, à plus proprement parler, la carte de la Morinie.

197. — Cartes de Picardie.

Ms. Bibl. Imp. Collect. D. Grenier, t. CVII, obl.

Ce sont, pour ce qui concerne le Boulonnais :
Carte generalle de Picardie, Boulonnois, Artois et Pays Reconquis.
Gouvernement d'Ardres. Plan d'Ardres.
Gouvernement de Calais et Ardres.
Gouvernement de Montreuil, Estaples et Hesdin.
Gouvernement de Monthulin et Boulogne.

198. — Carte du Pagus Gesoriacus, gravée par Tiberghen.

Bibl. Imp. Collect. top. Pas-de-Calais, arr. de Boul. II⁰ vol., f. 15.

199. — Carte relative aux expéditions de Jules César contre l'isle de Bretagne, l'an 54 et 55 avant l'ère chrétienne, où l'on peut reconnaître les points de départ, d'arrivée, de retour, ainsi que les marches et navigations de l'armée romaine, et notamment la position du port Itius.

Ap. Essai histor., etc., sur l'arrond. communal de Boulogne-sur-Mer, de Henry.

200. — 1° Nouvelle description du païs de Boulonnois, comté de Guines, terre d'Oye et ville de Calais, dédiée au Roy par A. Nicolas de Nicolaï, du Dauphiné, géographe du Roy.

Paris, 1558, 6 ff. in-fol.

2° Caletensium et Bononiensium ditionis accurata delineatio, descripta et edita a Nicolao Nicolaï Delphinate.

Parisiis, 1558. 1 f.

Cette carte a été reproduite dans la *Geographia antiqua* d'Ortellius. Anvers, 1598-1602.

201. — Boulonnais, Ponthieu, etc.,... par Nicolas Tassin.

Paris, in-fol.

202. — 1° Bolonia et Guines comitatus, par Mercator.

1 f. pet. in-fol.

2° La même, dans l'édition franç., par Fr. Hondius.

Antuerpiæ, 1609.

3° La même, par Judoc Hondius.

Amstolodami, 1650.

4° La même, dans l'atlas de Jansson.

Amst., 1633, 1 f. in-fol.

203. — Boulonnais, Ponthieu, Artois, comté de Saint-Paul et Pays de la Locoüe.

Paris, Nic. Berey, proche les Augustins, 1645.

204. — 1° Descriptio Boloniæ, Pontiv. comit. S. Pauli, cum adjacentibus.

1 f. in-fol., s. l. n. d. (Blaeu).

2° Comitatum Boloniæ et Guines descriptio.

Guil. Blaeu. 1 f. Amstelod., 1662.

205. — Le gouvernement de Calais et Pays Reconquis.

Ibid.

206. — Carte générale de la Picardie nouvellement mise en lumière, dédiée à M. Louis Cramoisy, etc..., par M. Van Lochom.

1 f. XVIIe s.

207. — Carte des comtés d'Artois, Saint-Paul et Boulonnais, copiée sur celle que le sr de Periers Loisel a dédiée à Mons. Chatillon, le 9e jour d'avril 1638.

208. — Carte des comtés d'Artois et Boulenois, par du Val, géogr., 1646.

A Paris, chez Pierre Mariette. A. Peyramin fecit.

209. — Gouvernement général de la Picardie, Artois, Boulenois et Pays Reconquis, par Nicolas Sanson.

Paris, chez P. Mariette, 1651, 1 f. in-fol.

210. — Carte du Boulonnais, Ponthieu, etc.

S. l. n. d., xviiie *s. (Bibl. du dépôt de la marine).*

211. — Artois et partie supérieure de la Picardie, par Guillaume de l'Isle.

Paris, 1712, in-fol.

M. de l'Isle a fait usage, pour sa carte, des *Mémoires pour la géographie de la Picardie*, par M. Caron de Léperon. Ces Mém. mss. font partie de ceux qu'il a laissés en 18 vol. in-4° et 4 vol. in-8°, qui étaient, à l'exception des deux premiers volumes, entre les mains des Bénédictins historiens de la Picardie. (P. Lelong, n° 2249).

212. — 1° Gouvernement général de Picardie et Artois, qui comprend... les gouvernements généraux de Boulonnais, etc..., par le sr Robert.

1753. Ap. Atlas universel de Robert, carte 24e.

2° Picardie et Artois, par le même.

1759.

213. — 1° Gouvernement général de Picardie, par Frédéric de Witt.

In-fol.

2° Le même.

2 ff. in-fol., Paris, Jaillot, 1681.

3° Le même.

4 ff. in-fol., Paris, Jaillot, 1717.

214. — Carte de la Flandre, comprenant le pays des Morins, etc.

Avec cette légende :

Carolus Calvus imp. Balduino Ferreo et Judithæ filiæ suæ conjugibus regionem Somonæ Scaldi Oceanoque inclusam Flandriæ nomine appellatam in dotem tradit.

Impr., p. 112, des Sceaux des comtes de Flandre, de de Wrée, trad. du latin par L. V. R. Bruges, J. B. et L. Van den Kerchove, 1641.

215. — Nova antiquæ Flandriæ Geographica Tabula qualis sub Balduino Ferreo et Juditha primis ejusdem provinciæ comitibus fuit, auth. Nicasio Fabio canonico Cominiensi (avec légendes).

Ap. Flandria Illustrata de Sanders, t. Ier. In-fol. La Haye, de Vos frères, 1735.

216. — Parte occidentale del governo generale de Picardie, descritta da Giacomo Cantelli da Vignola, etc.

1695, 1 f.

217. — Carte d'Artois, basse Picardie, etc., dédiée et présentée à Mons. Bignon... par J.-B. Nolin le fils.

S. d.

218. — 1° Gouvernement général de Picardie, par J.-B. Nolin.

Paris, 1694, 1699, 1712, in-fol.

2° Le même, par J.-B. Nolin fils.

Paris, Daumont, 1756 et 1757.

3° Autres, 1775 et 1777.

Toutes ces cartes, de même que les précédentes et les suivantes, se suppléent et se reproduisent les unes les autres, bien qu'avec des variantes insignifiantes de texte et quelques différences de format. Il était sans intérêt d'en indiquer les diverses éditions.

219. — 1° Carte topographique de la Picardie avec toutes ses frontières.

Paris, Desnos, 1761.

2° Nouvel Atlas chorographique de la Picardie et de l'Artois, comprenant le haut et le bas Boulonnais, le Pays Reconquis, etc..., divisé en élections, bailliages et doyennés..., levés sur les lieux et détaillés dans toutes leurs parties, par Desnos.

Paris, s. d. (1764), 28 C. in-4° (Plusieurs cartes concernant le Boulonnais).

220. — 1° Description de la vicomté de Bourbourg et les environs de Gravelines, port et havre de Calès.

1645.

2° Perfecte Kaerte van t' Berger en Broucborger ambacht, etc., par Nicolas Visscher.

1659.

Ces deux cartes, dont la composition est identique, comprennent les pays d'Oye et de Brédenarde.

221. — Plan du haut Boulonnais.

Ms. Arch. du Pas-de-Calais.

222. — Cartes des pays compris entre Boulogne et Montreuil, avec le camp de César, près Neufchâtel, par M. de Baurain.

1 f., XVIII° s.

223. — 1° Carte particulière des environs d'Arthois, du Boulenois et d'une partie de la Picardie.

A Bruxelles, chez Eugène Henri Friex, 1706.

2° Cartes des provinces des Pays-Bas, contenant... le Boulinois et les frontières de Picardie, dressées sur les Mémoires de Eugène Henri Friex.

15 cartes, 1 vol. in-fol., Paris, Crépy, 1744.

Le catalogue du marq. Le Ver contient sous ce titre (n° 1782) :
« Carte particulière des environs de Calais, Boulogne, Ambleteuse,
Guines et coste d'Angleterre, 1744, gr. in-fol., » une carte qui
est sans doute la même que celle de Friex.

224. — 1° Carte de Picardie, Artois, Boulonois, etc.,
contenant toutes les paroisses annexées, etc., avec les
routes et chemins, d'après la carte générale de la France,
en 177 feuilles, de MM. de l'Académie royale des sciences.

A Paris, chez Bourgoin, 1774, 4 ff.

2° Autre.

Ve Bourgoin, 1788.

225. — Carte de la Picardie divisée en ses différentes
juridictions, dressée sur plusieurs observations géomé-
triques, et assujettie à celle de Messieurs de l'Académie
des sciences, par M. de Vauchelle.

Amiens, 1778, Agnés, 1 f.

226. — Gouvernements de la Flandre, etc., et du Boulonois, par M. Bonne.

1782.

227. — Carte du Boulonnais, avec plan de la ville de
Boulogne, dressée d'après les observations astronomiques
de Messieurs de l'Académie royale des sciences, par
R. Phélipeau, en l'année 1784, avec plan de Boulogne et
légende.

Paris, chez l'auteur (Bibl. Imp. Topogr. de la France).

228. — Carte historique et ecclésiastique de la Picardie
et de l'Artois, publiée sous les auspices de MM. le marquis
de Clermont-Tonnerre, membre du conseil général de la
Somme, le comte d'Allonville, conseiller d'État, ancien
préfet de la Somme, le baron de Hautecloque, ancien
maire d'Arras, sous la direction de M. P. Roger.

Paris, Schneider et Langrand, 1 f. in-fol. 1843.

La description de cette carte a été publiée dans la *Bibliothèque historique de la Picardie et de l'Artois*, de M. Roger, p. 299.

229. — 1° Carte du Pas-de-Calais, par Leclercq ;

2° Carte de l'arrondissement de Montreuil, par le même.

S. d. (*1858*).

230. — Plan de l'arrondissement de Boulogne.

Ms. Arch. du Pas-de-Calais.

231. — Carte de l'arrondissement communal de Boulogne, indiquant les limites de l'ancien comté.

Cette carte accompagne l'ouvrage de Henry. Une semblable se trouve dans l'ouvrage de Bertrand.

232. — Carte de l'arrondissement de Boulogne, gravée par Delamarre.

Impr. et lith. de Lemercier, à Paris. — Boulogne, Watel, 1856.

233. — Carte de l'arrondissement projeté de Calais, gravée par Sentex.

234. — Carte géométrique, dite de l'Académie et de Cassini, levée sous la direction de Cassini de Thury, Camus et Montigny.

Paris, 1744 et ann. suiv. — Échelle, 1/86, 400e.

Le Boulonnais comprend les ff. 14 et 19.

235. — Carte topographique de France, levée par les officiers d'état-major, et gravée au dépôt général de la guerre.

Paris, Dumaine, libr. — Échelle 80/000e, dressée en 1833 et ann. suiv., revue en 1861.

Le Boulonnais est contenu sur les ff. suivantes : f. 1re, Calais ; — f. 2e, Dunkerque ; — f. 3e, Boulogne ; — f. 4e, Saint-Omer ; — f. 6e, Montreuil. — Les ff. 1 et 2 ont été publiées en 1833. — La f. 6 en 1834. — La f. 4 en 1836. — et la f. 3 en 1837.

236. — Carte du département du Pas-de-Calais, par M. Cavrois.

237. — Gouvernement de Boulogne, par Tassin.

Ap. Plans et profils de toutes les principales villes et lieux considérables de France, Paris, Melchior Tavernier, 1633, obl.

238. — 1° Plan des environs de Calais et du pays de Brédenarde ;

2° Plan des environs de Calais, y compris Guines et Ardres.

Très-belles cartes mss. Arch. de l'Emp. Plans N. 5e cl., n° 39.

239. — Carte des parties du quarré 5 de Picardie, le Boulonois, contenant le pays entre Calais et Ardres.

Ms. Arch. du dépôt des fortifications. Plans, s. d.

Très-belle carte coloriée; on y a marqué l'emplacement du camp du Drap-d'or et de tous les anciens forts rasés.

240. — Carte d'une partie du Calaisis.

Ms. Bibl. du dépôt de la marine.

241. — Carte du Calaisis et de la Flandre maritime de Dunkerque au cap Blancnez, par le chevalier de Clerville.

Ms. in-fol. Bibl. Imp. Estampes.

Ap. « Recueil des places fortes de Brabant, de Flandre, de Picardie et de Haynault, qui sont depuis Anvers jusqu'à Rocroy, etc., dédiées à M. le procureur général, par... le chevalier de Clerville. »

Ce vol. est au dépôt des estampes de la Bibl. Imp., bien qu'il ne renferme que des plans, sauf deux vues.

242. — Gouvernement de Calais et des Pays Reconquis.

Amstelodami, Joannis Janssonii, in-fol.

243. — 1° Carte du gouvernement de Calais et Pays Reconquis.

2° Calais et Pays Reconquis.

A Paris, par le s de Beaulieu, s. d. (XVIIe s.), in-4°.*

Ce sont les deux mêmes cartes : dans la première, le Nord est en bas de la carte, la mer est figurée au naturel avec des vaisseaux ; dans la seconde, le Nord est en haut de la carte.

244. — Carte particulière des gouvernements de Calais, Ardres, Gravelines et Watte, faicte par Regnier Jansse laisné, ingénieur ord. du Roy, en l'an 1645.

Ms., teintée, Bibl. du dépôt de la marine.

245. — Carte du Calaisis, d'une partie du Boulonnais, de l'Ardrésis, du pays d'Artois, etc..., fait par nous, géographe des ponts et chaussées aux départements du Calaisis, le 20 avril 1777. (Signé : BRICE le jeune.)

In-plano, Ms., ibid.

246. — Carte particulière des environs de Calais, par Tassin.

Ap. Plans et profils, etc. V. n° 257.

247. — 1° Gouvernement d'Ardres ;

2° Gouvernement de Mont-Hulin ;

3° Gouvernement d'Estaples, par Tassin.

Ibid.

248. — A chart of Calais and country round it as far as Ardres, Guines and Gravelines (Carte de Calais et du pays environnant jusqu'à Ardres, Guines et Gravelines).

Ms. British. Mus. Cottonn. Libr. Aug. 1, vol. 2ᵈ, n° 71.

249. — A map on vellum of the coast and country between Calais and Boulogne, intitled « Country of Guynes and Boulenois, » drawn temp. Henry VIII, probably in 1544 (Carte du pays de Guines et du Boulonnais).

Ms., ibid. Aug. 1, vol. 2ᵈ, n° 75.

250. — A plan of part of the marches of Calais, divided into allotments with the admeasurements on each, and with roads and forts marked out, apparently the scheme

of a proposed settlement ; drawn temp. Henry VIII (Plan
de partie de la banlieue de Calais, divisé par lots).

Ms. Brit. Mus. Coll. Harl., 284, art. 12.

251. — Le gouvernement de Boulogne et de Mont-
Hulin.

*Ms. Collect. topogr. Bibl. Imp., arrond. de Boulogne, IIe vol.,
f. 168.*

252. — Le gouvernement d'Ardres.

Ms., teinté, ibid., Ier vol. f. 4.

253. — Plan d'une partie du gouvernement d'Ardres
et Montreuil, depuis la ferme du Watelan, Surques, jusqu'au Grand-Quercamp, en Artois, 1768.

Ms. Arch. du Pas-de-Calais, f. S.-Eloi, n° 450.

254. — Carte des limites de la province d'Artois d'avec
la Flandre maritime, faite par l'arpenteur Payre en 1773,
plus un plan de différents villages d'Artois et de Picardie,
situés entre Étaples et Arrouaise, en 1770.

Ms., ibid.

255. — Carte du gouvernement de Monstreul.

Ms. Bibl. Imp. Collect. topogr. arrond. de Montreuil-sur-Mer.
Elle comprend une partie du Boulonnais.

256. — Onze plans Mss. de chemins du Boulonnais.

Ms. Arch. départ. à Arras.

Ce sont : Plan des chemins d'Hesdigneul à Béthune, — de
Boulogne à Saint-Omer, 2 pp., — de Desvres à Guines par le
Wast et Hardinghen, — de Marquise à Hardinghen, — de Samer
à la montagne de Beauvoir, — de Samer à Desurene, — de Samer,
Zoteux, Hucqueliers et Maninghen au Mont, — du Pont-de-Briques
à Hermerangues, — de Saint-Omer à Boulogne, — de la vallée
de Wacquinghen.

257. — Quatre plans de la partie de la nouvelle route

de Boulogne à Desvres, par Wirwignes, relativement à l'arrêt du conseil du 19 avril 1780.

Ms. Arch. de l'Emp., sect. adm. Q. n° 929. 4 plans teintés.

258. — 1° Carte de la route d'Abbeville à Calais.

2° Carte de la route d'Arras à Saint-Omer et Calais, dessinée sur les lieux par Louis Denis, en septembre et octobre 1776. Profils en long.

Paris, chez l'auteur.

259. — 1° Tracé du chemin de Calais à Gravelines, avec plan de cette dernière ville en 1757.

2° Tracé du même chemin, avec plan des deux villes.

Paraît être de la même époque.

3° Plans de la route projetée d'Ardres à Binghen, par Licques, en 1773 (2 exemplaires).

Ms. Bibl. de Boulogne-sur-Mer.

260. — Plan de l'ancienne route de Boulogne à Montreuil par Neufchâtel.

Ms. Cab. de M. de Boisrobert, de Montreuil. — Une copie est à la Bibl. de Boulogne-sur-Mer, fonds Marmin.

261. — A Survey of the road from Calais to Paris, by Hebert, geographer, and J. Dupont, engraver (Plan de la route de Calais à Paris).

In-8°, 1814.

262. — Carte du chemin de fer de Paris à Londres par Boulogne, dressée par ordre de MM. les membres du conseil d'administration, sous la direction de M. Bazaine, ingénieur en chef des chemins de fer, par A. Letellier. — Profil en long de la ligne d'Amiens à Boulogne. — Plans de Boulogne et d'Abbeville.

In-plano, 1845 ou 1846 (Bibl. de Boul.).

263. — 1° Oromansaci et Gesoriacus pagus in Morinis. Évesché de Boulogne où sont les comté et séneschaussée de Boullenois, bailliage de Calais dans le Pays Reconquis, souveraineté d'Ardres, etc., par Nicolas Sanson, d'Abbeville.

Paris, 1656, in-fol., chez l'auteur; R. Cordier, sculps. Abbav. — Robert, 1741.

C'est la meilleure carte du diocèse de Boulogne; elle présente les dix-sept doyennés ruraux.

2° Belgica secunda, etc. — Province de Rheims... où sont à présent les diocèses de... Boulogne... par N. Sanson.

A Paris, chez l'auteur, in-fol., 1661.

264. — Diocèse d'Arras.

Dumortier, 1828. Grav. Charle.

265. — 1° Carte historique du diocèse d'Arras, comprenant les divisions et subdivisions du diocèse actuel; les diocèses et parties de diocèses qui existaient sur le territoire correspondant à l'époque de la Révolution, par M. A. Lipsin. Ac. d'H. et E. V. D. revis. (Ach. d'Héricourt et E. Van Drival.)

Douai, 1857. Lith. Robaut, 1 f. gr. in-fol.

2° Carte historique de l'ancien diocèse de Térouanne avant MDLIII, et des trois diocèses qui ont été érigés dans sa circonscription : Boulogne, Saint-Omer et Ypres, par M. A. Lipsin.

Douai, 1857. Lith. Robaut, 1 f. gr. in-fol.

Ces deux cartes ont été composées par M. A. Lipsin, d'après les cartes antérieures existantes, les pouillés mss. et différents autres documents, notamment : le *Chronicon Episcoporum* de Tassart, Ms. du XVIe s. de la Bibliothèque de Saint-Omer (n° 732); Foppens; Sanders; des Mss. des Archives départ. et de la Bibliothèque de

Lille ; la *Partition du diocèse de Térouanne*, Ms. des Archives municipales d'Aire, déposé aux Archives de Boulogne. Elles devaient accompagner un *Morinense Christianum*, entrepris par l'auteur en 1847, travail aussi utile qu'important, malheureusement bien éloigné encore de sa terminaison. Le Ms. orig. de ces cartes a été adressé à la Société des Antiquaires de la Morinie.

266. — Carte des bénéfices des chanoines réguliers de Saint-Augustin dans l'archevêché de Reims, où sont les diocèses de Boulogne, etc., par le P. René le Bossu, suivant les cartes du sr Sanson.

Paris, 1664, in-fol.

2° VILLES ET LOCALITÉS DIVERSES (1)

267. — Aix-en-Issart. — Plan d'Aix-en-Issart.

Ms. Bibl. de M. Henneguier, à Montreuil-sur-Mer.

Ce plan est de la dernière moitié du XVIIIe s. ; il a plusieurs mètres de développement.

268. — Ambleteuse. — Carte du port d'Ambleteuse, par le sr de la Favolière.

Ms. Arch. du dépôt de la marine. Portef. 55, divis. 4, pièce 2.

269. — Nouveau projet et dessein du port d'Ambleteuse proposé par Mons. Desclouzeaux, 1682.

Ms., ibid., pièce 3, légende.

270. — 1° Carte des environs du port d'Ambleteuse, 25 décembre 1682, par le sr de Combes.

2° Plan du port d'Ambleteuse avec les nouveaux ouvrages proposés — 17 mai 1687, le sr de Combes.

Ms., ibid., pièces 4 et 5.

---

(1) Je n'ai pas relevé ici les plans nombreux qui se trouvent aux bureaux des ponts et chaussées et des contributions directes, où il sera toujours facile d'en prendre connaissance, non plus que les plans cadastraux qui se trouvent à la mairie de chaque commune.

271. — 1° Plan du port d'Ambleteuse, par de Seille, 1703.

2° Autre, par Pruvost.

Ms., ibid., piéce 7.

272. — Plan du port d'Ambleteuse pour l'intelligence du projet des ouvrages à faire pendant l'année 1716, par Robelin.

Ms., ibid., piéce 8.

273. — Plan d'Ambleteuse, par N. et J. Magin, 1717.

Ms., ibid., 2 cop.

274. — Plan de la ville et forteresse d'Ambleteuse, port de mer sur l'Océan, bâties et fortifiées par le roy de France Louis XIV, l'un des plus beaux ports et plus sûrs de l'Europe, à quatre lieues de Calais, deux de Boulogne, situées sur la petite rivière de Salak.

Gr. plan teinté, 2 m. de développement. Ibid., piéce 12.

275. — Plusieurs autres plans, copies, réductions et brouillons.

Ms., ibid., pass.

276. — 1° Plan d'Ambleteuse, indiquant les travaux à y faire pour créer une nouvelle ville;

2° Plan d'Ambleteuse en 1728.

Ms. Arch. du dépôt des fortifications. Plans.

277. — Plan de la ville et de la tour d'Ambleteuse, et de la côte depuis la tour d'Audresele jusqu'au fort de Grinez, avec un campement entre les tours d'Ambleteuse et d'Audresele.

Ms., ibid., 1728, légende.

278. — 1° A colored plan on vellum of Haven Etewe

(Ambleteuse) with a scheme for a pentagonal fortification, drawn temp. Henry VIII (Plan sur vélin d'Ambleteuse).

2° A plan of the harbour of Ambletus, shewing a project for a triangular fort (inserted at a latter time, drawn by the same hand as the preceding temp. Henry VIII).

3° A colored plan of the fortifications of Haven Etue (Ambleteuse), drawn on vellum temp. Elizabeth.

Mss. British Mus. Cotton. Libr. a large portfol. Aug. 2, vol. 2ᵈ, nᵒˢ 8, 68, 75.

Des copies de ces plans sont à la Bibliothèque de Calais et dans la collection de M. H. de Rheims.

279. — A plan of the harbour of Ambletus, drawn temp. Henry VIII.

Ms., ibid., vol. 1ᵗ, nᵒ 59.

280. — 1° Plan du port d'Ambleteuse, levé en 1767, avec légende.

2° Trois autres plans du port d'Ambleteuse, même époque.

Mss. Bibl. Imp. Collect. topogr. arrond. de Boulogne, IIᵉ vol., ff. 93, 95, 96, 97.

Ces plans sont relatifs aux travaux qu'il était, à cette époque, question d'effectuer; ils sont accompagnés de plusieurs plans et coupes d'ouvrages se rattachant à ces travaux.

281. — 1° Plan du port d'Ambleteuse (xviiiᵉ s.).

2° Plan du port d'Ambleteuse et d'une partie de la rivière de Slack, réduit sur un plan de 1763, appartenant à l'administration des Watringues.

Copie d'A. Marmin, 1825.

3° Deux plans de la ville et du port d'Ambleteuse, 1736.

Sur le second sont indiqués les bâtiments appartenant à cette date au roi.

Mss. Bibl. de Boulogne-sur-Mer.

282. — Ambleteuse, par Nicolas de Fer, avec cette légende : « *Quand ce port, auquel on travaille, sera achevé, il sera un des plus beaux et des plus sûrs de l'Europe.* »

283. — Autre plan d'Ambleteuse.

Ms. Bibl. de l'Arsenal (Cocheris, Notices et Extraits, n° 15).

V. enc. n° 366, 2°.

284. — ANDRES. — Plan figuratif des bois de la baronnie d'Andres.

Ms. parch., 1732. Arch. Imp., sect. adm. Q. 929.

285. — Plan cadastral du territoire d'Andres, terminé le 7 janvier 1806, par M. Laguaisse, géomètre en chef.

Ms. Arch. départ. à Arras.

286. — Plan du terrain communal d'Andres, selon la jouissance actuelle des particuliers, fait et levé par Mache, arpenteur, en 1812.

Ms., ibid.

287. — ARDRES. — A colored plan of the castle of Ardres, drawn temp. Henry VIII; at one corner is inscribed « Jovan Rosset Italian. »

Ms. 2 ff. Brit. Mus. Cotton. Libr. Aug. 1, 2ᵈ vol., n° 74.

288. — 1° A colored plan of Ardres, drawn about 1650.

Ms. 2 ff., ibid. Collect. de Georges III, case 69, n° 29.

2° A colored plan of Ardres, with projects for additional fortifications, drawn about 1661.

Ms. 1 f., ibid., n° 30.

3° A colored plan of Ardres and surrounding country, drawn about 1700.

Ms. 1 f., ibid., n° 31.

4° A colored plan of Ardres, drawn in 1752.

Ms., ibid., case 56, 81, f. 6.

289. — 1° Plan de l'ancien communal d'Ardres, dressé par Clerbout, en vertu de l'arrêté de M. le préfet du 15 mai 1810.

2° Plan de l'ancien communal de Brèmes, levé par le même.

Ms., ibid.

290. — 1° Plan de la ville d'Ardres, avec les dehors quy y ont esté faicts pendant l'année 1674.

2° Plan d'Ardres, par de Granval.

3° Neuf autres plans d'Ardres.

Mss. Bibl. du dépôt de la marine.

291. — Carte des environs d'Ardres, par de Granval.

Ms., ibid., in-plano.

292. — Divers plans d'Ardres, dressés à l'appui des mémoires sur les travaux de fortifications à faire à cette place.

Ms. Arch. du dépôt des fortifications, carton 1, Ardres.

293. — Plan de la ville d'Ardres, par Bertrand, en 1763.

Ms. Arch. du Pas-de-Calais.

294. — 1° Plan d'Ardres.

2° Plan de la ville d'Ardres (teinté).

3° Plan de la ville d'Ardres et dehors faits depuis 1674.

4° Plan d'Ardres, 1738 (très-beau plan teinté).

5° Divers autres plans d'Ardres.

Mss. Bibl. Imp. Collect topogr. arrond. de Saint-Omer, fos 16, 18, 19, 20, 21, 22.

295. — Plan d'Ardres, par le chev. de Clerville.

Ms. in-fol., Bibl. Imp. Estampes. (V. n° 241.)

296. — 1° Plan de la ville d'Ardres, par le Simer (1631).

2° Plan d'Ardres (1676).

3° Plan d'Ardres (même époque).

Mss. Bibl. de l'Arsenal, n° 494, hist., et 533 (Cocheris, Extr. et Not., n°s 13, 14, 15).

297. — Deux plans d'Ardres, avec légende.

V. enc. : Plan d'Ardres du costé de la hauteur de la Cochoy.

Ms. Ap. Recueil des plans de Picardie, etc., avec les paysages des environs de chaque plan. Bibl. Imp., départ. des Est. 1677. I$\frac{d}{13}$.

298. — Plan d'Ardres, par Tassin.

Ap. Plans et profils, etc., loc. cit.

299. — Vue et plan d'Ardres (avec texte en hollandais).

Ap. Beschrywingen, Top. Gall. Picardie, IIe vol.

Amsterdam, Joost Broerz. 1661. Vid. infr.

300. — AUDINGHEN. — Plan des seigneuries d'Audinghen et de Bainghen.

Ms. Bibl. de Boulogne-sur-Mer.

301. — AUDISQUE. — Cours des ruisseaux d'Audisque, de Combeauville et des Breux.

Ms., ibid.

302. — AUDRUICK. — Plan du territoire d'Audruick, pays de Brédenarde, dressé par Ranzaer, arpenteur, en 1725. — Répertoire sur le plan.

Ms. Arch. du Pas-de-Calais.

303. — BAINGHEN. — *V.* n° 300.

304. — Bazinghen. — Ancien plan des terres avoisinant la paroisse de Bazinghen.

Ms. Arch. du Pas-de-Calais.

305. — Plan d'une partie du hameau de Bertinghen, dépendant de la commune de Bazinghen, dressé en 1770.

Ms., ibid.

306. — Belle. — Plan du chemin de Belle à la nouvelle route de Boulogne à Saint-Omer, en 1774.

Ms., ibid.

307. — Binghen. — *V.* n° 259, 3°, et n° 300.

308. — Boulogne-sur-Mer. — Plan de l'enceinte, du havre et des environs de Boulogne-sur-Mer à l'époque gallo-romaine, par M. Alph. Lefebvre.

Ms., 1860, avec légende.

> Ce plan, tracé sur un plan moderne de Boulogne, a été présenté au congrès archéologique de Dunkerque, séance du 22 août (p. 256), pour répondre à la question suivante : « Quelle était l'enceinte de Boulogne à l'époque gallo-romaine? Donner un plan figuratif de cette enceinte. »

309. — Plans de Boulogne, ville capitale du Boulonnais, dans la Picardie, à l'embouchure de l'Iane.

2 ff. Mss. fin du XVIIIe s. Arch. de l'Emp. Plans N. 3e cl., n°s 55 et 56. — Ech. 6 l. p. 100 toises. — Avec légende.

310. — 1° Plan de Boulogne, 1680, avec lég.

2° Autre, 1691-93.

3° Trois autres, XVIIIe s., relatifs aux travaux des fortifications.

4° Défense du port de Boulogne.

Mss. Collect. topogr. arrond. de Boulogne, IIe vol., f. 115 et suiv.

311. — 1° Plan de Boulogne et de ses environs, xviie s.

2° Deux autres.

Ibid., f°s 113, 114, 119.

312. — 1° Plan de Boulogne.

2° La haute ville de Boulogne.

3° Plan du château de Boulogne.

Ms. in-fol. Bibl. Imp. Est. Ap. Recueil de plans de Picardie, etc. 1677. I $\frac{d}{13}$.

313. — Plan de Boulogne, par le chevalier de Clerville.

Ms. Bibl. Imp. Estampes (V. n° 241).

314. — 1° Plan de la ville et château de Boulogne, par Le Muet (1631).

2° Le plan de Boulogne (1676).

3° Plan de Boulogne.

Mss. Bibl. de l'Arsenal, n°s 484, Hist., et 533 (Cocheris, Catal. n°s 13, 14 et 15).

315. — Plan de Boulogne, année 1676.

Ms. Arch. municip. de Boulogne.

Le Ms. orig. est au dépôt des fortificat. au ministère de la guerre. La Bibl. de Boulogne en possède également deux extraits donnés par M. H. Faudier et Ch. Marmin.

316. — Plan du siége de Boulogne par Henri VIII, en 1544, avec le tracé des positions et des travaux de l'armée anglaise au 20 août, et légende, dressé par Al. Marmin, août 1823.

Ms. Bibl. de Boulogne-sur-Mer (encadré).

317. — A large plan of Boulogne and country round it, shewing the state of the fortifications for its defence by the English against the marechal du Bies; drawn, therefore,

probably in August or Sept. 1545 (Plan de Boulogne et de ses environs).

Ms. Brit. Mus. Cott. Aug. Suppl. 5.

318. — 1° A colored plan, on vellum, of Boulogne and the country round it, being another copy, apparently, of the preceding, but shewing additional works (Plan teinté, sur vélin, de Boulogne et des environs).

2° A plan of Boulogne and the adjacent country, drawn by an Italian artist temp. Henry VIII (sans doute Jovan. Rosset).

V. n° 287.

3° A chart of the coasts and country to the south of Boulogne (Carte des côtes et des environs au sud de Boulogne).

4° A colored chart of the country round Boulogne, drawn temp. Henry VIII (Carte des environs de Boulogne).

Mss. Brit. Mus. Cotton. Libr. Aug. 7, vol. 2ᵈ, art. 53, 67, 75 et 82. — Copies Mss. Bibl. de Calais. V. infr. n° 384.

319. — Partie d'un plan copié sur l'original au British Museum, par M. L. Bénard (Transacta inter Angliam et Franciam).

Ms. Brit. Mus. Cotton. Libr. Caligula, E. i. ii. Plut. xx. F.

Légende : « Situs nec civitas bene jacet, sed tantum proforma. » Plus bas : « Vera effigies et proportio castelli q. Gallus prope Bononiam extruxit. » Sur la droite : Ardelot et un camp figuré, avec une longue légende latine.

320. — A plan of Boleine with the French fortresse and the country toward Hardilo, drawn about 1544 (Plan de Boulogne avec la forteresse et le pays jusqu'à Hardelot).

Ms., ibid., Aug. 1ᵗ vol., 11, 77.

321. — A plan on vellum of the fortifications erected

opposite to Boulogne, drawn temp. Henry VIII (Plan sur vélin des fortifications élevées en face de Boulogne).

Ms., ibid. Aug. 1, suppl.

322. — A colored plan of the fortifications of Boulogne, drawn about 1650.

Ms. Brit. Mus. Collect. George II, 59, 55, 2.

323. — Autre.

Ibid. Harl. Lib. 7027, art. 7.

324. — A colored plan of Boulogne, drawn in 1752.

Ibid. Collect. George III, 56, 81, fol. 4.

325. — Plan de la ville et du port de Boulogne avec ses environs, 1695 (avec un projet de jetées).

Ms. Bibl. de Boulogne. — Copie faite par M. Alph. Lefebvre, sur l'original appartenant à M. Bouchard-Chantereau.

326. — Plan de Boulogne relatif aux projets de 1765, l. p. t.

Ms. Bibl. de Boulogne (Collect. Marmin).

327. — 1° Plan de la ville et des environs de Boulogne, 1780 (aoust 1776), ébauche sur toile grande dimension.

2° Deux autres plans de grandes dimensions, s. n. n. d.

3° Plan de Boulogne, 1724, avec légende; lavis teinté.

Mss., ibid.

328. — 1° Plan topographique de Boulogne et de ses environs (xviiie s.)

2° Deux autres (même époque).

Mss. Bibl. de Boulogne.

3° Plan de Boulogne, « tiré en l'abbaye de Saint-Nicolas-des-Bois, d'une ancienne carthe faicte en 1548. »

Ms., ibid. Copie en fac-simile d'A. Marmin, 1822.

On voit figurés dans une perspective grossière sur ce vieux dessin : Boulogne la Haute, Boulogne la Basse, Courgain, Tour d'Ordre, Monplaisir, la Dunette, fort de Chastillon, fort d'Oultre eau, Saint-Liénard, Pont de Brique, Isque, Saint-Etienne, Escau, le Portel.

329. — La Camisade de Boulogne en 1544.

Ms., ibid. (par Al. Marmin).

330. — Plan de redressement de la ville de Boulogne, dressé en vertu du décret impérial du 27 juillet 1808, par Aygalenq-Raulin, ing. géom. à Boulogne, dans le courant des années 1812 et 1813, avec lég.

Ms. in-plano, Arch. comm. de Boulogne.

331. — 1° Plan de Boulogne sous la domination des Romains.

2° Plan de Boulogne et de ses environs au commencement du xviiie s.

Ap. Essai historique, etc., sur l'arrondissement de Boulogne-sur-Mer, par Henry.

332. — Plan de la basse ville de Boulogne et du faubourg de la Porte-Royale.

Ms. Arch. du Pas-de-Calais.

333. — Plan du port et de la ville haute et basse de Boulogne, par le sr Marie.

1716-17.

334. — Plan de la haute et basse ville de Boulogne, par Inselin.

1/2 f.

335. — Vue et plan de Boulogne (avec texte hollandais).

Beschrywinghen, Top. Gall., loc. cit.

336. — Plan et vue de Boulogne, par Tassin.

Plans et profils, loc. cit.

337. — Plan of the town and harbour of Boulogne, by Jefferys.

London, 1764.

> *Ap.* F. 11 de l'Atlas de Jefferys, ayant pour titre « Description of the maritime parts of France, etc. » *London, 1764, obl.* L'atlas est accompagné d'un volume de texte, comprenant notamment : Calais, p. 35; — Guines, p. 46; — Ardres, p. 48; — Wissant, p. 49; — Ambleteuse, p. 50; — Boulogne, p. 51; — Étaples, p. 62; — plus une carte de la Manche.

338. — Plan de la ville de Boulogne-sur-Mer et de ses environs, levé et dressé sous la direction de Roger Hopkins et Rice Hopkins, ing. civ., membres de l'institution des ing. civ. de Londres, par Joseph Cochrane, ing. civ.

Lith. Rigo, à Paris, 1 f., 1844.

339. — Plan de Boulogne.

Imp. lith. Koeppelin, à Paris. Ern. Bourdon, 1851.

340. — Plan de Boulogne.

Imp. lith. de Lemercier. — Boulogne, Watel, 1856.

341. — 1° Plan du port et d'une partie de la ville de Boulogne-sur-Mer au 1er mai 1855, levé et dessiné en vertu des ordres du ministre des travaux publics, et sous la direction des ingénieurs des travaux maritimes du Pas-de-Calais, par M. Lens, cond. des ponts et chaussées.

> *10 ff.; 0m,004 p. m., 1857. Paris, autogr. chez Regnier et Dourdet.*

2° Le même, réduit.

> *1 f.; Paris, gravé par Regnier et Dourdet, lith. Gratia.*

342. — 1° Plan de la ville et de la commune de Boulogne-sur-Mer, levé et dressé sous les administrations de MM. Al. Adam et B. Gosselin, maires de la ville, avec l'autorisation de M. le comte de Tanlay, préfet du Pas-de-

Calais, et sous la direction de MM. les ingénieurs des ports maritimes de ce département, par M. Lens, conducteur des ponts et chaussées.

4 ff. in-plano, 1865; éch. $\frac{1}{2,000}$. Long. $2^m,50$, haut. $1^m,60$. Paris, gravé par Regnier et Dourdet; Lith. Gratia.

2° Le même, réduit, avec légende.

1 f.; éch. $\frac{1}{5,000}$, gravé par Regnier et Dourdet; Lith. Gratia, à Paris, 1865.

PORT

343. — Plan du port de Boulogne pour l'intelligence du projet des ouvrages à y faire pendant l'année 1716. Signé : ROLLE.

Ms., teinté, Arch. du dépôt de la marine, portef. 55, div. 5, pièce 4.

344. — 1° Plan du port de Boulogne, et les moyens de l'améliorer, par La Favolière.

Ms. Arch. du dépôt de la marine, pièce 2, légende, 2 copies.

2° Carte des entrées du port de Boulogne, et décharge de la rivière de Liane, par le même.

Ms., ibid., pièce 1re.

345. — Plan de Boulogne et de ses environs, par les s^{rs} Magin. 1717.

Ms., teinté, ibid., n° 5.

346. — Plan du port de Boulogne et de ses environs, pour lequel on présente en projet différents ouvrages, tant pour la conservation de l'entrée actuelle que pour en faire une nouvelle.

Ms., teinté, ibid., pièce 15, 2 copies.

347. — Plan du port de Boulogne, 1804.

Ibid., pièce 17, 2 copies.

348. — Plan du port de Boulogne, avec les dispositions proposées par le chef militaire pour sortir du port, en une marée, 1,300 bâtiments portant une armée de 66,000 hommes.

Beau plan teinté, 2 m. 50 c. de développement, légende, etc.
Ibid., pièce 18.

349. — Plusieurs autres plans, brouillons ou copies.

Ibid., pass.

350. — Plan du port de Boulogne, par Vauban.

Ms. orig. Bibl. de Boulogne-sur-Mer.

Au bas on lit : « Fait à Paris, le 8e mars 1695.

« VAUBAN. »

351. — Plan du port de Boulogne, avec les projets de 1742.

Lavis teinté, dessiné par A. Marmin, sur l'orig. déposé aux Archives de l'adm. des Watringues.

352. — 1° Plan du port de Boulogne, xviii° s., lavis, s. n. n. d.

2° Plan sans titre, du xviiie s., représentant la rade depuis l'entrée du port jusqu'au-delà de Chatillon, avec les lignes de basse mer, s. n. n. d.

Ms., ibid.

353. — Port de Boulogne vu de la tour des Machicolis.

Ms , ibid., dessiné à l'encre de Chine.

Dans l'angle inf. gauche : « Fait par Daudenfort. en 1766. »

354. — Divers plans du port de Boulogne à diverses époques.

Mss., ibid. (Ier vol. des plans).

355. — Plusieurs autres plans de diverses parties de la ville.

Mss., ibid. (IIe, IVe et V^e vol. des plans).

Ce sont, entre autres : Partie de la basse ville et du port ; — Rue des Cuisiniers : — Porte des Dunes, Sénéchaussée ; — Maisons, jardins et terres entre le Dernier-Sou et les Tintelleries, — et nombre d'autres se rattachant au séjour de la flottille et de l'armée d'invasion.

356. — Plan du port de Boulogne et de ses environs, levé en 1835 par les ingénieurs hydrographes de la marine, sous les ordres de M. Beautemps-Beaupré.

Dép. génér. de la marine, 1840. 1 f., n° 921, gravé.

357. — Divers plans de Boulogne relatifs aux projets de fortifications à y faire, 1671-1789.

Mss. Arch. du dépôt des fortifications, carton 1, Boulogne.

Ces plans sont très-nombreux ; dans les temps qui ont précédé la Révolution, il en était dressé un presque chaque année.

358. — Carte des environs de Boulogne, avec le projet d'un camp retranché, 1779.

Ms. teintée, ibid.

359. — Deux cartes de Boulogne et de ses environs, depuis le fort de l'Heurt jusqu'à Wimereux, relatives aux travaux que l'on exécute en conséquence des ordres de S. M. Imp. et Roy., et divers plans de détail, an XII.

Mss., teintés, ibid., carton 2, Boulogne.

360. — Plan du port de Boulogne et du projet relatif à la descente en Angleterre, ordonné par le général en chef, et arrêté par les citoyens Dufalga, général du génie, et Grandclas, ingénieur des ponts et chaussées en chef du département du Pas-de-Calais, exécuté d'après les rensei-

gnements donnés par le citoyen Friocourt, capitaine du port.

Ms. gr. in-plano, teinté, ibid. Plans.

361. — Plan de Boulogne, 1676.

Ms., ibid.

362. — L'iniographie où se descharge la rivière de Liane en la mer, port, son embouchure et partie de la basse ville de Boulongne-sur-Mer, par moi D., 1671.

Ms., ibid.

> Le chiffre forme un D et un F réunis; c'est sans aucun doute celui de la Favolière dont le dépôt de la marine possède plusieurs cartes signées. *Cf.* n° 344.

363. — Bombardement de Boulogne par l'amiral Nelson en l'an X, et dispositions du contre-amiral La Touche pour préserver la ville, par un élève de l'École centrale de Boulogne.

A Paris, chez Vilquin, avec légende.

364. — A plan of the bay and road of St John, with all the forts batteries and new works erected or erecting on the coast between Portel and Gris Nez, by J. Luffmann (Plan de la baie et de la rade Saint-Jean, avec les forts, batteries et ouvrages élevés et à élever sur la côte depuis le Portel jusqu'au Gris-Nez).

1804.

365. — Plan topographique et historique de la ville de Boulogne et des environs, avec les détails relatifs à l'expédition préparée contre l'Angleterre par Napoléon, dressé par M. Grimoult.

Bibl. de Boulogne-sur-Mer. Portef. n° 3250 des imprimés.

366. — 1° A chart of Boulogne harbour, and coast

adjacent, survey by J. Topper, master of H. M. S. Immortality, by order of C. W. C. R. Owen, commander. 1805. (Carte du port de Boulogne et des côtes voisines.)

2° Divers cartes et plans de Boulogne et d'Ambleteuse, dressés par Amb. Tardieu, pour servir à l'histoire de l'expédition de 1805.

Bibl. de Boulogne. Portef. n° 5250 des imprimés.

367. — Environs de Boulogne, etc., par M. de Beaurain.

In-fol., XVIIIᵉ s.

368. — Plan du ci-devant grand séminaire de Boulogne.

Ms. Arch. de l'Emp. Plans N. 5ᵉ cl., n° 57.

369. — Deux plans du couvent des religieuses Annonciades, l'autre du séminaire en 1681.

Ms. Arch. du Pas-de-Calais.

370. — CALAIS. — Plan des ville et citadelle de Calais et fort Nieulay, par Ferry.

Ms. Arch. du dépôt de la marine, portef. 55, div. 2, pièce 1ʳᵉ.

371. — Plan de Calais et du fort Nieulay.

Ibid., pièce 2.

372. — Carte des environs de Calais.

Ms. teintée, ibid., pièce 5.

373. — Carte des environs de Calais, où sont représentés, sur des rideaux, les bombardements faits à cette place par les armées navales d'Angleterre et de Hollande, 1695 et 1696.

Ms., teintée, ibid., pièce 8.

374. — Plan de Calais et du fort Nieulet, par les sʳˢ Magin, 1717.

Ms., ibid., 2 m. de développement, pièce 12.

375. — Plusieurs autres plans, copies, réductions ou brouillons.

Ms., ibid., pass.

376. — Anciens plans de Calais, du fort Nieulay et des environs, 1675-1789.

Ms. Arch du dépôt des fortifications, cartons 1 et 2, Calais.

377. — Calais, 1713. Projet pour agrandir la ville et occuper l'accès par la digue, par M. Bordier.

Ms., ibid., carton 1.

378. — Plan de Calais et du fort Nieulay, avec diverses coupes et élévations. Signés : VAUBAN, 1689.

Ms., ibid.

379. — 1° D'Escription de la scituation du port de Calais, avec les observations en l'état qu'il se trouve aujourdhuy, joint l'expédition du plan faict pour ce sujet, le 1er janvier (l'année est biffée, sans doute 1759).

2° Autre plan, 1758.

Ms., ibid. Plans.

380. — Carte des environs de Calais, où est représenté les bancs qui découvrent de basse mer dans les marées de vives eaües, comme ils estoient pendant le dernier bombardement (par de Peironet, 22 novembre 1696).

Ms., ibid.

381. — 1° Autre plan (Duverger, 31 mai 1691).

2° Autre plan (Vauban, 1689, relatif à l'instruction générale de son projet).

Mss., ibid.

382. — 1° The platt of the lowe countrye att Calleys, drawne in October the 37th yeare of the raigne of our souveraigne lord Kinge Henrye the Eighte, by mee

Thomas Pettyt (1546) (Plan du bas pays de Calais, par Thomas Pettyt).

Ms. — Orig. Brit. Mus. Cotton. Libr. Aug. 1, vol. 2ᵈ, art. 57. — Une copie à la Bibl. de Calais.

2° Autre.

Ibid. Aug., 71.

383. — A colored plan or bird's eye view of the harbour and road of Calais, drawn temp. Henry VIII, probably by Vincent, the kings painter (Carte ou vue à vol d'oiseau du port et de la rade de Calais, par Vincent, peintre de Henry VIII).

Ms., ibid., art. 70. — Cop. à la Bibl. de Calais.

384. — A colored plan or bird's eye view, on vellum, of the harbour, castle, and part of the town of Calais, drawn (by Vincent?) temp. Henry VIII (Plan ou vue à vol d'oiseau du havre, du château, et d'une partie de la ville de Calais).

Ms., ibid., art. 57. — Cop. Bibl. de Calais.

Ces trois plans, ainsi que le n° 318, ont été dressés sous Henri VIII, pour servir aux opérations militaires de ce prince Ils ont été extraits du Musée Britannique, par MM. Ch. de Rheims et Dufaitelle, et copiés en 1829, aux frais de la ville de Calais.

385. — A colored tracing of a plan of Calais and the country round it, drawn about 1700.

Ms., ibid. Collect. George III, LXIX, 36.

386. — A colored plan of Calais drawn in 1752.

Ms., ibid., LVI, 81, fol. 5.

387. — Plan of Calais with the names of the streets were taken from a Survey of Calais and the Marches made up anᵒ Dom. 1556. (Plan de Calais avec les noms des rues.)

Ms. orig. à la Tour de Londres.

Ce plan a été dressé sur le terrier de Calais et sa, banlieue, cité n° 103.

388. — A drawn plan of the town and harbour of Calais, with its adjacent forts shewing the projected works that are intended for Strengthening te town and deepenning the harbour, by Jos. Day, engineer, made at Dunkirk, in june 1731 (Plan de la ville et du port de Calais et des forts voisins, indiquant les travaux projetés pour fortifier la ville et creuser le port).

Ms. Brit. Mus. Collect. George III, LXIX, *59.*

389. — Plan des garennes de Calais, depuis les glacis de la ville jusqu'au hameau du Petit-Wald.

Mss. de 1772, Arch. de l'Emp. Plans N. 5ᵉ cl., n° 58.

390. — Plan de Calais, costes voisines et environs.

Ms. Bibl. Imp. Collect. topogr. arrond. de Boulogne, Iᵉʳ vol., f. 15.

391. — Quatorze cartes et plans Mss. de Calais.

Ibid., Iᵉʳ vol.

Ce sont : 1° Carte et description particulière de Caleis, *teintée,* f. 16.

2° Plan de Calais et des dunes environnantes, *teinté,* f. 18.

3° Trois autres, f. 19, 23, 24.

4° Plans de Calais et costes de Calais, 2 ff., *teintés,* f. 26.

5° Plan de la ville et citadelle de Calais, *teinté,* ff. 27 et 28.

6° Plan de Calais relatif au projet de 1738 (Ce 22 décembre 1737, par Damoiseau), f. 39.

7° Quatre autres, ff. 30, 31, 32.

8° Plan de Calais et du fort de Nieulet, *teinté,* f. 33.

392. — **Plan de Calais, par le chevalier de Clerville.**

Ms. in-fol., Bibl. Imp. Estampes (V. n° 241).

393. — Plan de la ville et citadelle de Calais, teinté, avec légende.

Ms. in-fol., ibid. Ap. Recueil de plans, etc., 1671. I ₁₃ᵈ.

394. — 1° Plan de la ville et citadelle de Calais.

2° Plan du fort du roy Louis (près Calais), par Le Muet, 1631.

Mss., Bibl. de l'Arsenal, n° 494 (Cocheris, Cat. n° 13).

395. — Plan de la ville, du port, de la citadelle et des forts de Calais.

Ms. tr.-gr. in-fol., Bibl. de Rouen, F. Leber (Cat. Leber, supp., IVe vol., n° 527).

Dessin original soigneusement colorié et fini dans tous ses détails.

396. — Plan du port de Calais (xviiie s.).

Ms., Bibl. de Boulogne-sur-Mer.

397. — Plan de la ville et port de Calais (avec texte).

Ap. Cosmogr. de Belleforest.

398. — Plan de Calais, vue de Calais, le fort Nieulet, par Tassin.

Plans et profils, etc., loc. cit.

399. — Vue et plan de Calais (avec texte hollandais).

Beschrywingen. Top. Gall., loc. cit.

400. — Plan de Calais, par le chevalier de Beaurain.

In-fol., xviiie s.

401. — Carte géographique de Calais.

En tête des « Lettres et observations sur le siège de Calais, » tragédie. Paris, Lesclapart, 1765, in-8°.

402. — Calais, par de Beaulieu.

In-fol.

403. — An exact plan of the town, port and citadel of Calais, taken by the king's engineers, published by Okley.

London, 1750, in-fol.

404. — 1° Exact plan of the town, port and citadel of Calais, by the king's engineers and published by Mary Ann Rocque; avec le titre en français : Plan de la ville, port et citadelle de Calais, levé très-exatement par les enginieurs, mis au jour par M. Rocque (*sic*).

Londres (xviii° s.).

2° Calais, 1857.

Publié par l'Amirauté anglaise.

405. — 1° Plan of Calais with sluices prepared for deepening the harbour and channel between the jettees (Plan de Calais avec les écluses pour creuser le port et le chenal entre les jetées).

2° Plan of the fortifications and harbour of Calais, with fort Nieulet (Plan des fortifications et du port de Calais et du fort Nieulet).

Atlas de Jefferys, f. 7 et 8. V. n° 337.

406. — Perfect Kaerte vant Bergen, etc. (Plan de Calais, par Visscher).

1658, gravé.

407. — Calais, 1597, par Braun et Hogenberg.

Gr. in-fol., rare.

408. — Caletum sive Calesium, vulgo Cales, janua, frenum et clavis Galliæ, anno MDXCVII, mense aprili in Philippi, Hispaniorum regis, potestatem devenit.

S. n. Collect. top. arrond. de Boulogne, f. 17.

409. — Calais descritto e dedicato dal P. cosmografo

Coronelli, all illustrissimo et eccelentissimo sign. Giacomo Bon.

(xviie s.) *Ibid.*

410. — Vray pourtraict de la ville et chasteau de Calais, comme ladicte ville a été prinse par apoinctement, par Son Illustris. Altesse le cardinal Albert, le 17 d'apuril 1596, et le chasteau par assault le vingt quatriesme en-suivant.

S. n. n. d. *(Sans doute par A. Huberti, 1600). Ibid., f. 38.*

411. — 1° Plan de Calais, par Nic. de Fer.

2° Divers autres plans de Calais.

Ibid., ff. 19, 20, 25, etc.

412. — Plusieurs plans cavaliers de Calais.

Ibid.

Ce sont : 1° Plan cavalier du siége de Calais (1596), f. 34.
2° Plan cavalier des siéges de Calais et de Guines, f. 35.
Avec cette légende :
« Caletum ereptum Gallis regnante Philippo, etc. »
3° Deux autres plans cavaliers de Calais, f. 37.
L'un d'eux porte cette légende :
« Il vero ritratto de Cales preso a Inglesi, dal re Christianissimo l' anno MDLVIII. »
4° Chales (plan cavalier), f. 38.
« In Venetia all insegna della Colonna, l' anno MDLVII. »
5° Le dessin et vray pourtraict de la ville de Calais, f. 40, xvie s.

413. — Autres plans de Calais.

Ap. Georges Bruin. Plans de div. villes. *Bruxelles, 1574,* et Sebas. Munster : Cosmogr. univers.; *petit in-fol., 1558.*

M. de Rheims, de Calais, possède dans sa collection diverses copies de la plupart des plans anciens de Calais qui viennent d'être indiqués, prises par les soins de son père et les siens dans divers dépôts publics et collections particulières de France et d'Angle-terre, ainsi que des plans de Boulogne et de Guines.

414. — Plan de Calais sous la domination anglaise.

Calais, D. Le Roy. D'après le plan orig. du Musée Britann. indiqué ci-dessus n° 257.

415. — Plan de la ville et du port de Calais, avec la partie urbaine de la ville de Saint-Pierre, levé et dressé par F. Delabie, conducteur des ponts et chaussées.

Lille, lith Danel. Gravé par H. Deligny, janvier 1866, avec lég.

416. — Plans, profils et élévation du fort Rouge à Calais.

1749.

417. — 1° Carte particulière du passage de Callais, par laquelle est desmontré tout ce quy peult estre inondé, avec description.

2° Plan de la ville et citadelle de Calais et de la nouvelle fortification.

3° Plan de la porte du havre de Calais ainsy qu'elle est à présent.

4° Plan suivant lequel il faut raccommoder la porte du havre de Calais.

5° Plan du Grand-Paradis ainsy qu'il estoit einciennement.

6° Plan pour refaire le Grand-Paradis.

Tous ces plans signés Argencourt, à Calais, ce 12 aoust 1633.

418. — CAMPAGNE. — Plan cadastral terminé le 15 nivôse an XIII, par M. Laguaisse, géomètre en chef.

Ms. Arch. du Pas-de-Calais.

419. — COLEMBERT. — Plan du territoire de Colembert.

Ms., ibid.

420. — Coquelles. — Plan du marais communal de Coquelles, dressé par Henry Hobacq, 1809.

Ms., ibid.

421. — Coulogne. — Plan du marais communal de Coulogne, dressé par le même.

Ms., ibid.

422. — Echinghen. — Deux plans dressés en 1770, par Leblond.

Ms., ibid.

423. — Escalles. — Vid. infr. n° 470.

424. — Étaples. — Plan d'Estaples, par les s^{rs} J. et N. Magin, 1718.

Ms. Arch. du dépôt de la marine, portef. 55, div. 6, pièce 2, 2 copies.

425. — Plan de la baye d'Étaples, levé en vendémiaire an XII, d'après les ordres de l'amiral Bruix, par le lieutenant de vaisseau Rosamel.

Ibid., pièce 5, légende.

426. — 1° Plan du château d'Estaples et de ses dehors.

2° Plans du château d'Estapes (par Lefebure, 1702 et 1703).

3° Plans et profils des souterrains du château (par Lefebure, 1703).

4° Plans et profils de la ville et du château (par Lefebure, 1705).

Ms. Arch. du dépôt des fortifications.

427. — Carte de la baie d'Étaples et de ses environs, levée par le chef de bataillon du génie Bouvier, les capitaines Warenghien, Declos, et autres officiers du génie

employés au camp de Montreuil pendant les mois de nivôse et pluviôse an XII.

*Ms., teintée, in-plano. Arch. du dépôt des fortifications. Plans.
— 2 exemplaires, dont un signé Cazal.*

428. — Plan d'Étaples et de ses environs, avec les
camps de plusieurs divisions, an XIII.

Ms. in-plano, ibid.

429. — Plan de la ville et du territoire d'Étaples.

Ms. Bibl. Imp. Collect. D. Grenier, XXVIIᵉ vol, 2ᵉ paq., nᵒ 9.

430. — Plan de la place du château d'Étaples.

*Ms. Arch. Imp., sect. adm., Q. 922 (Cocheris, Cat. nᵒ 520,
XVII).*

431. — Plan d'Étaples, par Tassin.

Plans et profils, etc.. loc. cit.

432. — Plan de la ville d'Étaples en 1860. — Dᵒ au
XVIᵉ s.

Amiens, Boileau, 1861.

*V. infr. : IIᵉ part., vᵒ QUANTOVIC, les plans et cartes qui accom-
pagnent les divers ouvrages publiés sur la question de l'emplacement de cette ancienne localité.*

433. — FIENNES. — Plan cadastral terminé le 25 avril
1806, par Laguaisse.

Ms. Arch. du Pas-de-Calais.

V. infr. nᵒˢ 444 et 473.

434. — FRETHUN. — 1ᵒ Plan cadastral terminé le
1ᵉʳ avril 1807, par Laguaisse.

Ms., ibid.

2ᵒ Plan du marais communal de Frethun, 1807.

Ms., ibid.

435. — GUINES. — 1ᵒ A view of the keep and part of

the walls of the castle of Guines, facing the town, drawn about 1550.

2° A colored plan of the town and castle of Guynes, drawn temp. Henry VIII (Plan de la ville et du château de Guines).

3° Plans of the fortifications of the town of Guines (Plans des fortifications de la ville de Guines).

4° A plan of the castle of Guines, with proposed additional works (Château de Guines).

Mss. British Mus. Cott. Libr. Aug. 1, vol. 2ᵈ, art. 12, 23, 51 et 52.

M. de Rheims, de Calais, possède des copies de ce Ms., certifiées par Robert Chambers, avec cachet.

436. — Plan de Guines.

Ms. orig., ibid., art. 115.

M. de Rheims en possède également une copie certifiée. M. le dʳ Cuisinier, de Guines, a aussi des copies de ces divers plans.

437. — Plan du bourg de Guines, levé en 1772.

Ms., teinté, Bibl. de Calais.

Ce plan a été donné par Mᵐᵉ veuve Lemaire, et certifié par l'historien Henry (le 15 messidor an XIII), auquel appartenait l'original.

438. — Plan du pays depuis la ferme de Ventu jusqu'au faubourg de Guines, avec plan de cette ville en 1772.

Ms. Bibl. de Boulogne-sur-Mer.

439. — Plan de l'ancien marais communal de Guines, dressé par Hache en 1814.

Ms. Arch. du Pas-de-Calais.

V. aussi n° 412, 2°.

V. infr. : IIᵉ part., vᵒ GUINES, plusieurs plans de Guines et de son château vers la fin du xvᵉ s.

440. — Haique. — Fort de Haique.

Ms., lavis, Bibl. Imp., Topogr. de la France, arrond. de Saint-Omer.

441. — Hames. — Plan figuratif de l'arpentage des terres du territoire de Hames, dressé par Bouclet, arpenteur.

Ms. Arch. de l'Emp. Plans N. 11ᵉ classe, n° 8.

442. — Plan de l'ancien marais communal de Hames, dressé par H. Hobacq, 1809.

Ms. Arch. du Pas-de-Calais.

443. — Hardelot. — Plan du château d'Hardelot, levé en mars 1792, par MM. Cary et Sire, avec légende.

Ms. Bibl. de Boulogne-sur-Mer. Collect. Marmin.

444. — Hardinghen, Réty et Fiennes. — Plan des lieux où se trouvaient les fosses que le sieur Desbarreaux demande à ouvrir. 1783.

Ms. Arch. du Pas-de-Calais.

    Cf. n° 473.

445. — Henneveux. — Plan figuratif de la terre et seigneurie d'Henneveux, dressé par le sieur Savary, en 1769.

Ms. Bibl. de Boulogne-sur-Mer.

446. — Plan du hameau de Belbec, dépendant de la commune d'Henneveux, dressé par Roussel, arpenteur, en 1771.

Ms. Arch. du Pas-de-Calais.

447. — Hennuin. — *V.* v° Rebus.

448. — Hervelinghen. — Plan figuratif de l'arpentage des terres du territoire d'Hervelinghen, dressé par Bouclet, arpenteur.

Ms. Arch. de l'Emp. Plans N. 11ᵉ cl., n° 8.

449. — HESDIGNEUL. — Plan cadastral terminé le 16 messidor an XIII.

Ms. Arch. du Pas-de-Calais.

450. — HOCQUINGHEN. — Plan figuratif de la terre et seigneurie d'Hocquinghen et Waincthun, appartenant à M. J.-L. Correnson, dressé par le sieur J.-L. Savary, arpenteur, en 1769.

Ms. Bibl. de Boulogne-sur-Mer.

451. — ISQUES. — Copie du plan du village d'Isques levé en 1769 (1772).

Ms. Arch. du Pas-de-Calais.

452. — LANDRETHUN. — Plan cadastral terminé le 10 frimaire an XIV.

Ms. Arch. du Pas-de-Calais.

453. — LANDRETHUN-LE-NORD. — Plan cadastral terminé le 8 août 1806.

Ms., ibid.

454. — LEULINGHEN. — Plan cadastral terminé le 10 frimaire an XIII.

Ms., ibid.

455. — LICQUES. — Plan cadastral terminé le 1er vendémiaire an XIV.

Ms., ibid.

456. — Plan de la route projetée d'Ardres à Binghen par Licques, en 1773.

Ms. Bibl. de Boulogne, 2 exempl.

457. — LOISON. — 1° Plan et cartes réguliers de Loison, commanderie, près Montreuil.

2° Plan et carte réguliers de Campagne, dépendant de la commanderie de Loison.

3° Plan et carte réguliers de Combremont, dépendant de la commanderie de Loison.

Ms. Arch. de l'Emp. Plans N. 11ᵉ cl., nᵒˢ 1, 2, 3.

458. — Deux plans des marais de Loison, dressés en 1767 et 1812.

Ms. Arch. du Pas-de-Calais.

Plan de Combremont, dressé en 1777, avec un cueilloir de 1778.

Ms., ibid.

459. — Longueville. — Plan figuratif de la seigneurie de Longueville, levé par Roussel, arpenteur, en 1769.

Ms. Bibl. de Boulogne-sur-Mer.

460. — Longvilliers. — Plan des bois de l'abbaye de Longvilliers.

Ms. Arch. du Pas-de-Calais.

461. — Merk. — Atlas des cartes des terroirs de Tilques, Serques, Pihen, Saint-Liévin et Avroult, divisées par cantons, avec leur étendue, et sur lesquels MM. les doyen, chanoines et chapitre de Saint-Omer perçoivent et recueillent la dîme; le tout dressé d'après les indications des sieurs Willin et Galliet, arpenteurs jurés de la province d'Artois, sous l'inspection de M. Facon, chanoine de ladite cathédrale, et mis en ordre par le sieur Perinet, pendant les années 1776, 1777, 1778 et 1779.

Ms. Bibl. de Saint-Omer, nᵒ 840, in-fol., xviiiᵉ s.

462. — Mont-Hulin. — Plan du fort du Mont-Hulin.

Ms. Bibl. Imp. Collect. top. arr. de Boulogne, IIᵉ vol., f. 168.

463. — Plan du Mont-Hulin, par le chevalier de Clerville.

Ibid. Estampes. (V. nᵒ 241.)

464. — Plan de Mont-Hulin.

Ap. Recueil de plans de Picardie. Bibl. Imp., Est. I $\frac{d}{13}$.

465. — Plan de Mont-Hulin (1676).

Ms. Bibl. de l'Arsenal, n° 494. Hist. (Cocheris, Catal. n° 14.)

466. — Plan du Mont-Hulin, par Tassin.

Plans et profils, etc., loc. cit.

467. — NABRINGHEN. — 1° Plan divisé en sept parties (la cinquième en déficit).

2° Plan cadastral terminé le 1ᵉʳ pluviôse an XIII.

Ms. Arch. du Pas-de-Calais.

468. — NÉDONCHEL. — 1° Plan cadastral terminé le 15 pluviôse an XII.

2° Plan des limites intérieures et extérieures de Nédonchel, Ligny et Westrehen, dressé en 1765.

Ms., ibid.

469. — OUTREAU. — Plan d'une partie du fief de Couppes, à Outreau.

Ms., ibid.

470. — PEUPLINGUES. — 1° Plan figuratif de l'arpentage des terres du territoire de Peuplingues et de celui d'Escalles, dressé par Bouclet, arpenteur.

2° Autre plan, par le même.

Mss. Arch. de l'Emp. Plans N. 11ᵉ cl., n°ˢ 7 et 9.

471. — PIHEN. — Plan cadastral terminé le 1ᵉʳ septembre 1806.

Ms. Arch. du Pas-de-Calais.
V. enc. n° 461.

472. — REBUS. — 1° Carte du gouvernement des forts de Rebus et d'Hennuin, de Bolweck à Saint-Nicolas-Kerke.

2° Plan du château d'Hennuin et du fort de Rebus.

Paris, Beaulieu, 1644.

3° Divers autres plans de ces forts, gravés et Mss.

Bibl. Imp. Collect. top. arr. de Saint-Omer, Ier vol.

473. — RÉTY. — Plan d'une partie du territoire de Réty et des territoires voisins.

Ms., 1785, teinté. Bibl. Imp. Collect. top. arr. de Boulogne, IIe vol., f. 109.

Ce plan a été dressé sur une demande formée afin d'ouvrir des fosses (probablement pour l'exploitation de la houille). *Cf.* n° 433.

V. enc. : les cartes appartenant à la Société des mines de Fiennes, dont le siége est à Réty.

474. — ROUSSENT. — Plan de Roussent.

Ms. Bibl. de M. Henneguier, à Montreuil.

Ce plan, de la dernière moitié du XVIIIe s., a un très-grand développement.

475. — RUISSEAUVILLE. — Plan de la seigneurie de Ruisseauville, dressé par Lourdel, arpenteur, en 1778.

Ms. Arch. du Pas-de-Calais.

476. — SAINT-FOLQUIN. — Plan du territoire de Saint-Folquin.

Ms., ibid

477. — SAINTE-MARIE-KERKE. — Plan du territoire de Sainte-Marie-Kerke.

Ms., ibid.

478. — SAINT-MARTIN-CHOQUEL. — 1° Plan du hameau de Choquel, dressé par Grésy, arpenteur, en 1743.

2° Plan du hameau de Campagnette, par le même.

Ms., ibid.

479. — SAINT-PIERRE-LES-CALAIS. — *V.* n° 415.

480. — Saint-Tricat. — Plan du marais communal de Saint-Tricat, levé en 1809, par M. Hobacq.

Ms. Arch. du Pas-de-Calais.

481. — Samer. — Plan des bâtiments de l'abbaye de Samer.

Mss. 4 ff. in-fol. Arch. de l'Emp. Plans N. 11ᵉ cl., n° 1.

Ces plans sont accompagnés d'une lettre relative aux travaux à effectuer à cette abbaye, adressée à M. F. Harel, supérieur général de la congrégation de Saint-Maur, le 17 novembre 1655.

482. — Sangatte. — Plan figuratif de l'arpentage des terre et seigneurie de Sangatte, dressé par M. Bouclet, arpenteur, 1767.

Ms., ibid., n° 5.

483. — Plan des environs de Sangatte, levé en 1772, par le géographe des ponts et chaussées chargé des travaux à exécuter à l'ancienne rivière de ce lieu, d'après les ordres de l'intendant de Picardie.

Ms. Bibl. de Boulogne-sur-Mer. Copié en 1825, par A. Marmin, sur l'original du cabinet de M. de Bois-Robert, de Montreuil-sur-Mer.

484. — Sempy. — Plan cadastral terminé le 6 messidor an XIII.

Ms. Arch. du Pas-de-Calais.

485. — Autre plan de Sempy.

Ms. Bibl. de M. Henneguier, à Montreuil.

486. — Senlecque. — Plan du territoire de Senlecque, cop. 1719-1749.

Ms. Arch. du Pas-de-Calais.

487. — Sequières et Tingry. — Plan des terres et broussailles des dixmages de Sequières et Tingry (xviiiᵉ s.).

Ms. Arch. de l'Emp. Plans N. 3ᵉ cl., n° 23.

488. — Tournehem. — Carte de la forêt de Tournehem et des villages environnants.

5 ff. Mss., xviiie s. Top. de la France, arr. de Saint-Omer, IIe vol.

489. — Vieille-Église. — Plan de la Vieille-Église fortiffiée de l'ordre de M. le comte de Charost, en juillet 1637, par Crohart, avec légende.

Mss., ibid.

490. — Wackinghen. — Plan des territoires de Beuvrequen et Wacquinghen.

Ms. Arch. du Pas-de-Calais.

491. — Carte figurative des fonds de Wackingen, dressée par Cary, en 1766, le 20 juin.

Ms., ibid.

492. — Wimille. — Plan d'une partie du village de Maninghen-Wimille, dressé par Rousselle, en 1777.

Ms., ibid.

493. — 1° Plan du port de Wimereux et du terrain environnant, an XIII.

2° Divers plans relatifs aux travaux de ce port.

Ms. Arch. du dépôt des fortifications. Plans.

494. — Wissant. — Carte de l'anse de Wissant, avec les environs du païz, la figure du banc Calenne et les brasses d'eau dans les plus hautes marées, etc.

Ms. Arch. du dépôt de la marine, xviiie s. Portf. 55, 5e div., pièce 1re.

495. — Anse ou baie de Wissant.

Ms., ibid., n° 2, beau plan teinté.

496. — Carte de l'anse et de la baie de Wissant, sur

laquelle on rapporte les sondes prises par le citoyen Friocourt, etc.

Ms., ibid., n° 3, légende.

497. — 1° Plan de Wissant pour servir au projet de port et de rade, an XII.

2° Carte de détail pour le même objet.

Ms. in-plano, teintée. Arch. du dépôt des fortifications. Plans.

498. — 1° Carte topographique de la situation de l'ancien port de Wissant et du camp de César, situé sur le mont dit de Castelle, par M. de Beaurain.

2° Plan du camp de César, proche le port de Wissant, par le même.

Mém. de l'Acad des Inscr., XIII° vol. V. infr. II° part. v° WISSANT.

499. — Plan de l'anse de Wissant et des ouvrages construits par les Romains autour du port Itius.

Ap. Essai historique, etc., sur l'arrondissement communal de Boulogne-sur-Mer, de Henry.

500. — ZUDKERKE. — Plan de la commune, dressé par Beauraert, en 1725.

Ms., Arch. du Pas-de-Calais.

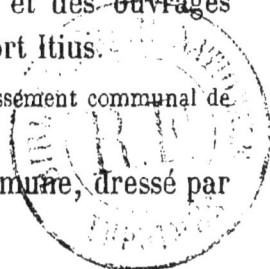

CHAPITRE III

---

501. — Voyages pittoresques dans l'ancienne France, par Taylor et Nodier; Picardie, Ier vol.

Voici le détail des estampes et vignettes contenues dans ce volume :

1º BOULONNAIS. — *Estampes.*

Boulogne, enceinte de la haute ville. — Porte des Dunes. — Vue du château de Boulogne. — Restes de la tour d'Ordre à Boulogne.

Tumulus romain près Neufchâtel, dit le Mont-à-Violettes.

Carrières du Haut-Banc, près Marquise.

Château d'Honvault.

---

(1) Ce genre de documents n'a, dans beaucoup de cas, qu'un intérêt archéologique; on trouvera conséquemment plus loin, sous la rubrique *Archéologie*, beaucoup d'estampes accompagnant les textes qui y sont indiqués. On comprendra, du reste, qu'il était impossible de dresser le catalogue de toutes les estampes qui se trouvent disséminées en mille endroits, en mille recueils. Le parti auquel je me suis arrêté m'a paru le seul qui pût satisfaire la curiosité du lecteur, c'était de faire en quelque sorte l'inventaire de la riche *Collection topographique* fondée à la Bibliothèque Impériale, et de la compléter par quelques indications d'estampes n'ayant pu trouver place dans ce Recueil; il est d'ailleurs à noter que la plupart des estampes présentant un intérêt historique ne sont que l'accessoire du texte qui les explique ou les commente, texte auquel une place est assignée dans une autre section de la *Bibliographie*. Quant à certains recueils de vues modernes, albums et autres, dénués de tout intérêt, je n'ai pas cru devoir les décrire.

Château d'Ambleteuse.
Château d'Hardelot.
Château de Wierre-au-Bois.

Vignettes dans le texte.
La danse des noces à Ferques.
Tour d'Ordre, telle qu'elle existait en 1554.
Beffroi de Boulogne.
Tumulus de Neufchâtel.
Château de Wierre-au-Bois.
Ferme du Renard.
Questrèques.
Antiquités trouvées près de Boulogne et conservées dans le
    Musée de la ville.
Porte de Calais à Boulogne.
Ancienne rue de la Rampe à Boulogne.
Église de Samer.
Ferme de Moulin-l'Abbé.
Abbaye de Samer.
Colonne de la Grande-Armée.
Vue de Boulogne, haute ville.
Place d'Armes.
Vue générale de Wimille.
Portes de Boulogne. — Porte de Calais, des Degrés, Gayole.
Port de Boulogne.
Tombeau de Pilatre de Rozier.

2º CALAISIS. — *Estampes.*
Fort Rouge de Calais.
Tour du Beffroi, à Calais.
Église de Calais.
Cour de Guise, à Calais.

Vignettes dans le texte.
Sainte-Marie, à Calais.
Abbaye de Beaulieu, près Guines.
Porte du Havre, à Calais.
Phare de Calais.
Porte de Calais.
Rue de Calais
Église Notre-Dame, à Calais.
La même et escalier des remparts.
Tour de Saint-Pierre-lès-Calais.
Église de Guines.

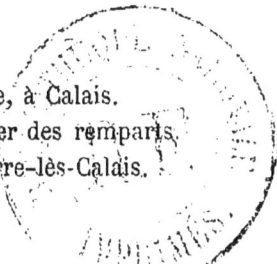

www.ingramcontent.com/pod-product-compliance
Lightning Source LLC
Chambersburg PA
CBHW070303290326
41930CB00040B/1889